L. Dugas

RÉSUMÉ AIDE-MÉMOIRE

Philosophie

A. — Baccalauréat. Philosophie

HACHETTE ET Cⁱᵉ

Résumé Aide-mémoire

Philosophie

Résumé Aide-mémoire

Philosophie

RÉDIGÉ CONFORMÉMENT AUX PROGRAMMES OFFICIELS
DE L'ENSEIGNEMENT SECONDAIRE

PAR

L. DUGAS
Professeur de Philosophie au Lycée de Rennes

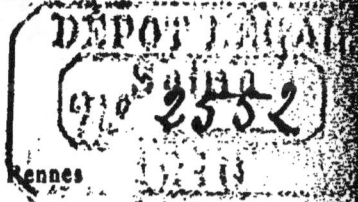

A. — Baccalauréat, Philosophie

DEUXIÈME ÉDITION

PARIS
LIBRAIRIE HACHETTE ET Cie
79, BOULEVARD SAINT-GERMAIN, 79

1916

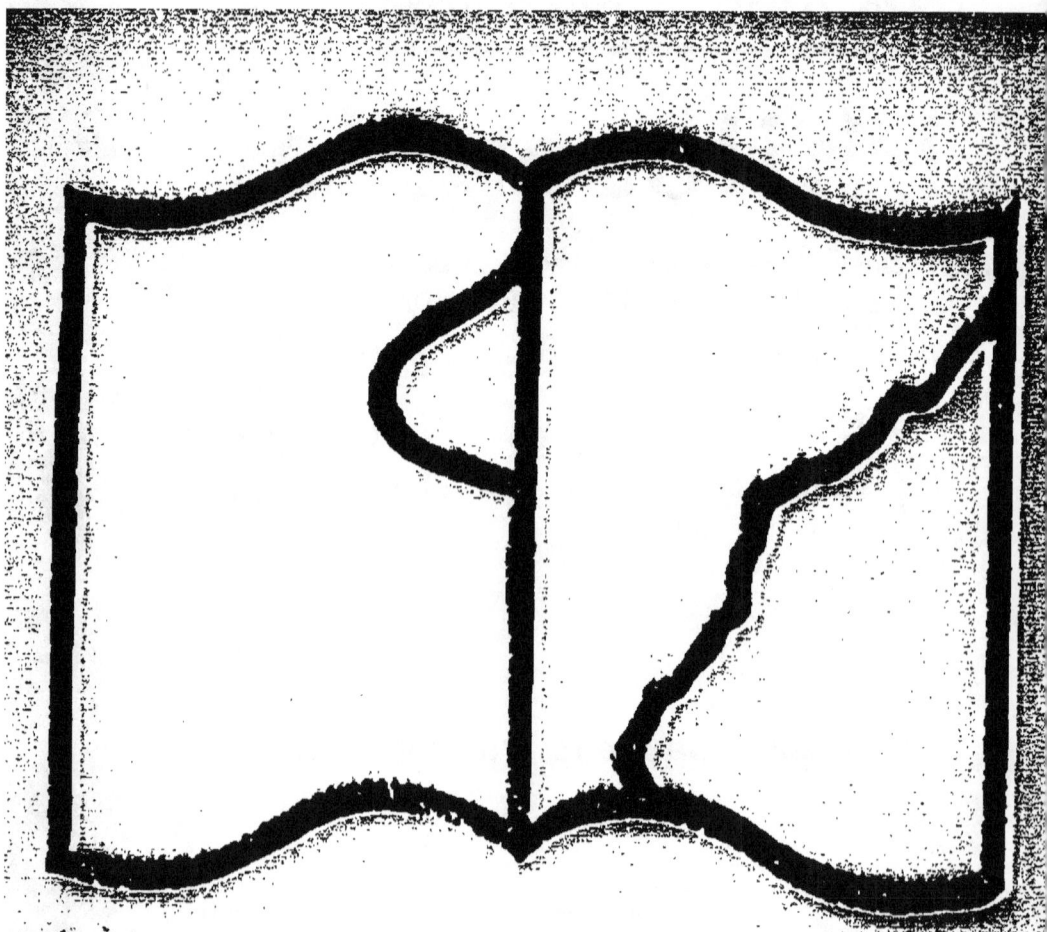

Texte détérioré — reliure défectueuse
NF Z 43-120-11

PHILOSOPHIE

Introduction.

LA PHILOSOPHIE

OBJET ET DIVISIONS

La philosophie est une science. Définissons donc d'abord la science.

A. — La science.

La science s'oppose à la connaissance vulgaire :

1° Par son objet. — La connaissance vulgaire est la connaissance des *faits*; la science, la connaissance des *causes* et des *lois*. *Vere scire est per causas scire* (Bacon). Il suit de là, tout fait étant particulier, toute loi générale, que la science est la *connaissance du général. Nulla est fluxorum scientia.* Il suit de là encore, toute *loi* étant un *rapport* entre des faits, que tandis que la connaissance vulgaire ou connaissance des faits est un savoir *non unifié*, anarchique, la science est un savoir *partiellement unifié* (Spencer), systématique.

2° Par sa valeur. — La connaissance vulgaire est une explication illusoire, chimérique, soit *théologique* ou mythologique, soit *métaphysique* ou verbale (A. Comte); la science, au contraire, est une explication fondée, logiquement établie, répondant à la réalité, *positive*.

B. — La philosophie.

1° A proprement parler, la philosophie n'est pas *une science,* elle est *la science universelle et unique.* Ainsi l'ont conçue les anciens, ainsi doit-on la concevoir encore, selon Aug. Comte. Dès lors elle se résume dans une classification des sciences, établissant les rapports des sciences entre elles, présentant celles-ci dans leur enchaînement, faisant ressortir l'*unité* de la science (V. dans la *Logique*, la classification des sciences d'Aug. Comte qui répond à ce but). La philosophie ne s'oppose donc pas à la *science positive*, ne s'en distingue pas; elle est une vue d'ensemble de cette science, elle en est la coordination et le résumé. C'est ce qu'exprime la *loi des trois états* : la philosophie n'est ni la *théologie* ni la *métaphysique*, elle est la science positive, embrassée dans son ensemble, rétablie dans son unité, elle est le *savoir complètement unifié* (Spencer).

2° La philosophie est *une science à part*, ayant un objet propre. Cet objet, c'est l'étude des questions fondamentales que chaque science laisse de côté, questions de *nature*, d'*origine* et de *fin*, comme celles-ci : Qu'est-ce que la *vie* en *elle-même* ? Quelle est l'*origine* de la vie ? Quelle est sa *raison d'être* ou sa *fin* ? Mais la philosophie, ainsi définie, n'est-elle pas l'étude de questions insolubles, inaccessibles à notre esprit, et que nous devrions nous interdire ? C'est ce que pensent les positivistes. Mais leur opinion doit être justifiée et ne peut l'être que par

3° la *critique* ou *théorie de la connaissance*, laquelle se substituerait alors à la métaphysique et serait tout ce qui reste et ce qui doit rester de la philosophie (Kant).

4° Supposons au contraire la métaphysique fondée, il faut alors aller plus loin et chercher quel est le principe premier de la science et de l'être. C'est l'objet de la *Théodicée*.

La philosophie, au sens propre, comprend donc :

1° la science *totale* ou *intégrale* des anciens, le *savoir complètement unifié* de Spencer.

2° la *philosophie première* ou *Métaphysique*

comprenant elle-même ⎰ la théorie de l'être ou *Ontologie*,
⎰ la théorie de la connaissance ou *Critique*,
⎰ la connaissance de Dieu ou *Théodicée*.

La philosophie, au sens large et abusif, comprend en outre la *Psychologie*, la *Logique* et la *Morale*, qui sont en réalité des sciences distinctes, quoique chacune d'elles ait, comme toute science, des rapports étroits avec la métaphysique.

PSYCHOLOGIE

Le mot psychologie veut dire *science de l'âme*. Mais le mot *âme* est équivoque : il désigne ou bien une entité métaphysique, une substance, distincte du corps et qui survit au corps, ou bien la série des faits de conscience. La psychologie, entendue comme l'étude de l'âme-substance, est la *psychologie rationnelle* ou *métaphysique de l'âme*. La psychologie, entendue comme l'étude des faits de conscience, est une *science positive*, distincte de la philosophie; c'est la *psychologie proprement dite*.

MÉTHODE DE LA PSYCHOLOGIE

La psychologie est une *science de faits*. Elle a pour méthode l'*observation* et l'*expérimentation*.

L'*observation* psychologique est de deux sortes : *interne* et *externe*. L'observation *interne* est l'étude des faits psychologiques par la conscience (introspection) ou l'étude que le *sujet* fait de ses propres états (*méthode subjective*). L'*observation externe* est l'étude des faits psychologiques, considérés, non plus en eux-mêmes, mais dans leurs manifestations extérieures, ou plutôt révélés par ces manifestations; c'est encore l'étude des faits psychologiques, observés par le sujet, non plus en lui-même, mais chez les autres hommes (*méthode objective*).

L'*expérimentation* psychologique porte tantôt sur les faits normaux (c'est l'expérimentation proprement dite), tantôt sur les faits morbides ou pathologiques (l'observation des cas morbides est considérée comme une *expérience*, que la nature fait pour nous instruire).

Observation.

I. — OBSERVATION PSYCHOLOGIQUE INTERNE OU MÉTHODE INTROSPECTIVE

L'introspection est la méthode propre à la psychologie ; c'est la plus naturelle, la plus anciennement et la plus universellement employée. Cependant on élève contre elle plusieurs objections :

1° On la déclare *impraticable* : le sujet ne peut pas sortir de lui-même pour s'observer ; le moi ne peut pas être à la fois spectateur et acteur. L'objection repose sur une fausse assimilation de la psychologie aux autres sciences ; on refuse à la psychologie le droit d'avoir une méthode propre, originale. L'impossibilité dont on parle n'existe d'ailleurs pas ; c'est un fait que le sujet s'observe lui-même ; il n'a pour cela qu'à se dédoubler.

2° Quand on définit l'introspection l'étude des faits psychologiques par la conscience, on entend par conscience la conscience *réfléchie*, non *spontanée*. Or la réflexion est incompatible avec la vie psychologique, elle en interrompt le cours, elle fait évanouir les faits sur lesquels elle porte. La réflexion ne peut porter en effet sur les phénomènes psychologiques, *au moment où ils se produisent*, mais elle peut revenir sur ces faits, *après qu'ils se sont produits* ; l'*analyse introspective* devient possible, par cela seul qu'elle se transforme en *analyse rétrospective*.

3° Les états psychologiques échappent à la conscience, parce qu'ils sont insaisissables, fluides, en voie de perpétuel changement. Ce caractère d'abord n'est pas propre aux faits psychologiques, ensuite n'est pas dans ces faits aussi marqué qu'on le dit ; il constitue une difficulté, non une impossibilité, pour l'observation.

4° A supposer que le moi pût se connaître lui-même, il ne saurait se connaître exactement, car il n'est pas impartial, désintéressé, comme doit l'être un témoin. Ainsi l'amour-propre est une source d'erreurs : on s'exagère ses qualités, on ne voit pas ses défauts (Cf. La Fontaine : *la Besace*). L'inverse d'ailleurs aussi a lieu : on se déprécie soi-même, on s'exagère ses défauts. Il y a là un danger réel ; mais, le connaissant, on peut l'éviter, et on l'évite en fait.

5° La méthode introspective ne peut donner lieu qu'à des monographies individuelles, ne saurait fonder une science. Admettons l'objection, tenons-la pour valable ; on en peut seulement conclure qu'il faut compléter et contrôler la méthode subjective par la méthode objective. Mais, en réalité, l'objection n'est pas fondée ; par l'observation, on ne saurait jamais atteindre que des faits individuels ; veut-on dire que l'induction, par laquelle on généralise les faits observés, n'est pas praticable dans l'introspection aussi bien que dans l'expérience externe ? Il est vrai que l'observation externe recueille des faits psychologiques nombreux et divers, se produisant chez des sujets différents, et ainsi donne lieu à des *comparaisons* ; mais rien n'empêche de *comparer* aussi les faits psychologiques observés chez un même sujet à des époques différentes.

D'ailleurs nous ne ferons aucune difficulté d'admettre que la psychologie introspective, quoique pouvant à la rigueur se suffire à elle-même, a avantage à s'aider de la psychologie objective.

II. — OBSERVATION PSYCHOLOGIQUE EXTERNE OU MÉTHODE OBJECTIVE

La psychologie objective est le *complément* ou l'élargissement de la psychologie introspective ; elle lui sert aussi de *contrôle*. Ce n'est pas que l'observation externe soit mieux fondée et plus vraie que l'introspection ; elle a ses difficultés propres : elle n'atteint pas directement les faits, elle ne saisit que leurs manifestations extérieures ; il s'agit donc d'interpréter ces manifestations (gestes, actes, paroles), de les prendre comme signes des sentiments, pensées, etc. ; là se glisse une chance d'erreur. Non seulement l'interprétation peut être inexacte, mais encore elle l'est toujours à quelque degré, en raison de la tendance que nous avons par exemple à supposer les autres semblables à nous. Toutefois la communauté de nature qui existe entre les hommes, justifie, sinon à la rigueur, du moins dans la pratique, l'interprétation que nous faisons des actes des autres hommes dans la majorité des cas.

A. — Observation directe.

L'observation psychologique externe est *directe* et *indirecte*.

L'observation *directe* emploie trois procédés ou méthodes : la méthode des *tests*, — celle des *questionnaires écrits*, — celle de l'*interrogation orale*.

1° *Méthode des tests.* — Le mot *test* veut dire expérience. Comme exemples de test, nous citerons les expériences faites pour mesurer l'*acuité sensorielle* (visuelle, auditive, etc.), — la *rapidité mentale*, — la *capacité mnémonique* (on calculera par exemple combien de chiffres, de mots, différents sujets, d'un âge donné, sont capables de retenir, en un temps donné).

2° *Méthode des questionnaires.* — On distribue à un grand nombre de sujets un questionnaire écrit sur leurs *images*, je suppose, et on collationne, compare et classe les réponses. — Cette méthode permet de recueillir un *grand nombre* de témoignages et d'établir des moyennes exactes, mais on n'est pas sûr de la valeur des témoignages recueillis. Un questionnaire s'adressant, par définition, à un grand nombre de personnes, il faut que les questions posées soient claires, intelligibles pour tous et par conséquent simples, banales; mais alors les réponses seront sans intérêt.

3° *Méthode de l'interrogation orale.* — On ne peut interroger qu'un *petit nombre* de sujets, mais par là même on est en mesure d'en apprécier la compétence et la bonne foi. La *qualité* des témoignages en compense donc la *quantité*. Encore faut-il craindre que la réponse ne soit quelquefois dictée par la question. Il y a un art d'interroger : l'interrogateur doit se défier de lui-même autant que du sujet.

B. — Observation indirecte.

L'observation externe *indirecte* est l'étude des faits psychologiques à travers l'histoire, l'ethnographie, le langage, les sciences, les arts, les lettres, la religion, etc. Cette observation consiste à remonter des événements historiques aux sentiments et aux passions dont ils dérivent, — des mœurs des peuples aux états d'âme que ces mœurs réflètent, — des lois du langage à celles de la pensée, — des œuvres de la science à l'esprit qui les a produites, etc.

Toutefois la psychologie ne laisse pas d'être une science à part, distincte de toutes celles qu'on vient de voir qu'elle étudie et utilise. Elle ne perd jamais de vue son objet propre, qui est l'étude des états d'âme, et elle repose en dernière analyse sur l'introspection, car un fait observé chez les autres n'a de valeur psychologique qu'autant qu'on en trouve le germe ou au moins l'équivalent en soi.

La psychologie étend son domaine, élargit son horizon, par là même qu'elle étudie les faits psychologiques partout où ils se produisent et *compare* les résultats ainsi obtenus. Elle est aussi plus *scientifique*, plus vraie, par là même qu'elle *contrôle* les résultats de l'introspection et ceux de l'observation externe les uns par les autres.

A la *méthode comparative* la psychologie joint la *méthode génétique*, qui consiste à étudier les faits psychologiques dans leur développement, en partant des formes simples, élémentaires, pour s'élever aux formes les plus complexes et les plus achevées.

Exemple de *psychologie comparée* : étude de l'homme et de l'animal, — du sauvage et du civilisé, etc.

Exemple de *psychologie génétique* : étude de l'homme aux différents âges, passage de l'enfance à l'adolescence, étude de l'enfance considérée dans son évolution, dans sa phase de développement, etc.

Expérimentation.

A. — Expérimentation directe.

L'expérimentation *directe* est pratiquée sous deux formes et en deux sciences différentes :

1° Sous une forme relativement vague en *Psycho-physiologie*. On étudie la relation entre les phénomènes psychologiques et les phénomènes physiologiques, par exemple entre l'émotion et les états respiratoires, circulatoires, musculaires.

2° Sous une forme précise en *Psycho-physique*. On mesure l'intensité, la durée des phénomènes psychiques (Psychométrie).

Fechner a établi la loi suivante, dite *loi psycho-physique* : Les sensations varient comme le logarithme des excitations, ou : L'intensité de la sensation croît suivant une progression arithmétique, quand l'intensité de l'excitation croît suivant une progression géométrique. Cette loi est contestée. On ne lui reconnaît qu'une valeur approximative.

Valeur de la psycho-physique. — Il faut distinguer la valeur *théorique* et *pratique*. La psycho-physique use d'une méthode rigoureuse, scientifique, mais artificielle, en ce qu'elle s'applique à des faits qui ne la comportent pas; elle établit, non des lois, mais des moyennes; les expériences de laboratoire, faites dans des conditions spéciales, ne valent que pour ces conditions. Enfin la psychologie expérimentale ne porte que sur les phénomènes psychologiques les plus simples (les sensations).

B. — Expérimentation indirecte : la psychologie morbide ou psycho-pathologie.

La nature se charge de faire pour nous des expériences que nous n'aurions pas le droit de faire et dont nous n'aurions pas toujours l'idée. Ainsi la maladie décompose les fonctions psychiques (Ex. : l'aphasie), — nous montre certains phénomènes psychologiques à l'état de grossissement (Ex. : l'hypnotisme). Exemple : les études de Ribot (Maladies de la mémoire, — de la volonté, — de la personnalité), — de Pierre Janet (l'Automatisme psychologique), etc.

TABLEAU RÉCAPITULATIF

Méthodes de la psychologie.	OBSERVATION.	*Interne.* — Méthode subjective ou introspective.		
		Externe. Méthode objective.	directe.	Méthode des tests. — des questionnaires. — de l'interrogation.
			indirecte.	Étude de l'histoire, des langues, etc.
	EXPÉRIMENTATION.	*directe.*	Psycho-physiologie. Psycho-physique.	
		indirecte. — Psychologie morbide.		

LES FAITS PSYCHOLOGIQUES :
I. — LEURS CARACTÈRES PROPRES;
LA CONSCIENCE

Les faits psychologiques. Conscience, inconscience, subconscience. — *Les faits psychologiques* (ex. : un sentiment, une pensée) ont pour caractère d'être *conscients*; ils ne peuvent être sans être perçus; ils sont perçus par cela seul qu'ils sont, et tout leur être réside dans la perception : ainsi toute douleur est sentie; elle cesserait d'être, si elle cessait d'être sentie; bien plus, il suffit qu'elle soit sentie, pour qu'elle soit : toute douleur sentie est réelle.

A cette thèse, qui présente la conscience comme constituant la *nature* ou l'*essence* des faits psychologiques et la *condition d'existence* de ces faits, on oppose l'existence de *faits psychologiques inconscients* (*perceptions insensibles* ou *petites perceptions* de Leibniz).

Les faits psychologiques conscients sont complexes et formés d'éléments inconscients ; on le prouve par l'exemple classique du bruit de la mer, formé des bruits imperceptibles de chaque vague, de chaque goutte d'eau ; de même, la perception d'un son, d'une couleur est décomposable en *perceptions insensibles* de vibrations de l'air, de l'éther.

Ce raisonnement suppose que les *faits psychologiques* (sensations) répondent exactement, point par point, aux *faits physiques* (vibrations sonores, lumineuses, etc.), autrement dit, postulent le *parallélisme* des faits psychologiques et physiques. Or ce parallélisme n'est qu'une hypothèse.

De plus, les faits psychologiques conscients paraissent devoir être formés d'éléments *subconscients* plutôt qu'*inconscients*. Il est vrai que la *subconscience*, à un certain degré, paraît difficile à distinguer de l'*inconscience*.

D'autres psychologues admettent ce qu'ils appellent un *seuil de la conscience*; les états conscients sont ceux qui franchissent ce seuil; les états qui restent au-dessous sont dits *infraliminaux* ou *subliminaux* (de *limen*, seuil). On emploie encore les termes de *conscience liminale, subliminale*. En résumé, deux théories, suivant que la conscience est regardée comme *continue* ou *discontinue*.

Les faits inconscients ou subconscients. — Passons en revue les faits de subconscience ou plutôt donnons quelques exemples de ces faits. La plupart rentrent dans les faits de distraction ou inattention, d'habitude. Ce sont :

a) Dans l'ordre des *phénomènes intellectuels* : les *sensations* uniformes, répétées, habituelles, ou se produisant pendant l'état de distraction, les *souvenirs* latents, ceux que je n'évoque pas présentement, qui dorment ou qui sont comme ensevelis en moi, les *associations d'idées*, appelées coq-à-l'âne, qui consistent à passer d'une idée à une autre, *sans apercevoir les idées intermédiaires* ;

b) Dans l'ordre des *phénomènes affectifs* : les *plaisirs* ou *douleurs* qui s'ignorent ; ex. : le bonheur réel, non senti des bergers.

> *O fortunatos nimium, sua si bona norint,*
> *Agricolas* (Virgile).

— un *amour ingénu* (ex. : Paul et Virginie), — un *amour profond*, devenu naturel, qui fait à ce point partie de l'être qu'il n'est plus conscient, etc. ;

c) Dans l'ordre des phénomènes volitifs : tous les phénomènes qui relèvent de l'*activité automatique* (réflexes, instincts, habitudes), certaines formes de l'*activité volontaire* : choix volontaire, avec inconscience des motifs, — volition restant latente jusqu'au moment de l'exécution, — volition dont on ne connaît pas l'origine et les motifs, suggestion, etc.

Interprétation de ces faits. — Deux théories : 1° L'inconscient est réductible au subconscient. Cette théorie, vraie dans un grand nombre de cas, ne semble pas l'être pourtant dans tous.

2° L'inconscient est réductible au physiologique ; ex. : l'action réflexe. Le fait psychologique serait toujours conscient ; s'il cessait de l'être, il deviendrait par là même un fait physiologique ou physique.

Rôle, fonction et valeur de la conscience. — Une première théorie tend à réduire autant que possible le rôle de la conscience : la conscience serait inutile ; elle serait un « luxe » ; elle serait au fait psychologique ce qu'est à la marche du voyageur l'ombre qui accompagne ses pas ; elle serait la lumière qui éclaire ce fait, mais sans le modifier, sans agir sur lui. Cette théorie est fausse : la conscience est plus qu'un témoin ou spectateur, elle est un acteur ; elle modifie les faits psychologiques par la réaction qu'elle provoque : ainsi une douleur sentie est par là même combattue, repoussée ; elle est de plus et par là même une partie intégrante ou élément constituant du fait psychologique. On discute pour savoir si elle est l'*essence* des faits psychiques ou seulement le *centre de vision* de ces faits.

On discute aussi sur sa *valeur*. Les uns la tiennent pour infaillible : il est aisé de voir que ce sont ceux qui regardent la conscience comme constituant l'*essence* ou la réalité du fait psychique ; les autres la tiennent pour illusoire ou erronée en certains cas : ce sont ceux qui croient que le fait psychique, quelle que soit sa nature, existe en dehors de la conscience qu'on en a et ne tire pas sa nature ou son être du fait d'être senti.

II. — DISTINCTION ET RELATION DES FAITS PSYCHOLOGIQUES ET PHYSIOLOGIQUES

Distinction. — On a voulu ramener les faits psychologiques aux faits physiologiques ; la psychologie rentrerait alors dans la physiologie, serait la physiologie cérébrale, l'étude du cerveau et de ses fonctions (Auguste Comte).

Mais les faits psychologiques ont beau avoir pour condition des faits physiologiques et physiques, ils ne laissent pas d'être irréductibles à ces faits. Ils s'en distinguent :

1º *Par leur mode de perception.* — Les faits physiologiques tombent sous les sens, les faits psychologiques ne sont connus que par la conscience ;

2º *Par leur nature.* — Les phénomènes physiologiques sont en dernière analyse réductibles à des mouvements. Les phénomènes psychologiques, au contraire, les sentiments, les pensées, sont « inexplicables par des raisons mécaniques » (Leibniz). Plus loin on pousse l'analyse des faits psychologiques et des faits physiologiques, plus on voit qu'ils sont hétérogènes « d'un autre ordre » (Pascal). Les faits physiologiques sont mesurables, les faits psychologiques échappent à la mesure et au calcul. Les faits physiologiques se localisent dans l'espace, les faits psychologiques se succèdent dans le temps.

Relation. — Il est vrai seulement qu'à tout phénomène physiologique ou du moins à tout phénomène nerveux paraît répondre un phénomène psychologique, et inversement. Cette relation entre les deux ordres de phénomènes est désignée sous le nom de *parallélisme*.

III. — CLASSIFICATION
DES FAITS PSYCHOLOGIQUES

Nous adopterons une classification artificielle, mais commode, claire et consacrée par la tradition, celle des faits *représentatifs* ou *intellectuels*, *affectifs*, *volitifs*. Les faits *représentatifs* ont tous un caractère commun, qui est d'être la connaissance ou *représentation* de quelque chose, — les faits *affectifs* ont tous pour caractère commun d'impliquer le *plaisir* et la *douleur*, — les faits *volitifs*, d'être un *effort*, une *tendance vers une fin*. Ces différents faits se distinguent les uns des autres : 1° en ce qu'ils peuvent exister les uns sans les autres (une *connaissance* par exemple peut n'entraîner aucun *acte*, ne causer ni *plaisir* ni *peine*), 2° en ce qu'ils ne sont pas en raison directe et peuvent même quelquefois être en raison inverse les uns des autres (ex. : une sensation est d'autant plus *représentative* qu'elle est moins *affective*).

Chacun de ces groupes de faits reçoit quelquefois le nom de *faculté*. On distingue donc trois facultés : l'*intelligence*, la *sensibilité*, la *volonté*. Mais il convient de ne pas ériger les facultés en êtres ou *entités* et de ne voir en elles que des groupes de faits. La division des facultés répond à la distinction courante de l'*esprit*, du *cœur* et du *caractère*.

La *distinction* des facultés ne doit pas nous faire méconnaître leur *relation*. Les faits représentatifs, affectifs et volitifs sont en fait toujours mêlés et même inséparables ; ils agissent et réagissent les uns sur les autres ; l'esprit influe sur le cœur et la volonté ; le caractère à son tour discipline et fortifie l'intelligence ; les sentiments animent et commandent toute la vie psychologique. C'est ce qu'expriment ces maximes célèbres : l'esprit est la dupe du cœur ; les grandes pensées viennent du cœur, etc.

Intelligence.

SENSATION

Définition. — La sensation est distincte à la fois de l'*excitation* (phénomène physique) et de la *perception* (phénomène intellectuel). On lui reconnaît trois caractères : la *qualité* (ce par quoi une couleur diffère d'un son, ou une couleur d'une autre), — l'*intensité*, — le *ton affectif* (la propriété d'être agréable ou désagréable).

Deux théories : 1° Toutes les sensations se ramènent à une seule, la sensation tactile, dont elles sont des dérivés, des différenciations (Spencer).

2° Il y a des sensations spécifiquement distinctes, irréductibles.

Reste à en dresser la liste, à en fixer le nombre.

Théorie traditionnelle des cinq sens : toucher, vue, ouïe odorat, goût. — Elle est à compléter et à interpréter.

Goût et odorat.

Sens intimement liés, complémentaires l'un de l'autre, et de plus toujours associés au toucher.

I. La *sensation* du goût est la *saveur*. Saveurs élémentaires ou fondamentales : le doux, l'amer, le sucré, le salé, l'acide.

L'*excitation* est un phénomène chimique : dissolution du corps sapide au contact de la salive.

L'*organe* du goût est la langue et les papilles linguales.

II. La *sensation* de l'odorat est l'odeur. Odeurs élémentaires ou fondamentales : *aromatiques*, — *fragrantes*, — *ambrosiaques*, — *alliacées*, — *fétides*, — *vireuses*. — *nauséeuses* Linné). Cette classification est artificielle et peu claire. Mais on renonce à en chercher une meilleure. Les odeurs échappent à la classification. « L'odorat a plus de sensations que nous n'en pouvons compter et nommer. » (Titchener).

Excitation : phénomène chimique, vapeurs ou gaz agissant sur la muqueuse nasale.
Organe : la muqueuse nasale.

Vue.

La *sensation* de la vue est la couleur. Couleurs fondamentales : violet, indigo, bleu, vert, jaune, orangé, rouge. On distingue dans les couleurs le *ton* ou *qualité* (jaune, bleu, etc.), la *saturation* ou *intensité*, la *clarté* ou *luminosité*.
L'*excitation* est un phénomène physique : vibrations de l'éther.
Organe : l'œil.

Ouïe.

La *sensation* de l'ouïe s'appelle *son* ou *bruit* selon qu'elle provient de vibrations périodiques ou non périodiques. On distingue dans un son la *hauteur*, l'*intensité* et le *timbre*.
L'*excitation* est un phénomène physique : vibrations de l'air.
Organe : l'oreille,

Toucher.

Le toucher n'est pas un sens unique, mais une *collection* de sens, comme l'indique le tableau suivant :

Toucher {	**SUPERFICIEL** { le sens du *froid* } — *chaud* }	On admet que ces deux sens sont distincts par leurs excitations, leurs organes.
	— de la *douleur* (piqûre).	
	— de la *pression* ou du *contact* et du *chatouillement*. Toucher proprement dit. Organe : la peau. Répartition inégale du toucher sur la superficie du corps. Expériences de l'*esthésiomètre* ou compas de Weber.	
	PROFOND { sensations provenant des *muscles* (*sens musculaire* de Bain). — *tendons*. — *articulations* (Duchenne, Goldscheider). On attribue ces sensations diverses à un sens appelé *kinesthésique*	

A ces sens il faut ajouter le

Sens statique, qui nous renseigne : 1° sur les mouvements d'ensemble de notre corps (rotations, mouvements en ligne droite); 2° sur l'attitude verticale ou inclinée par rapport à la verticale de notre tête et, indirectement, de tout notre corps. Les sensations de mouvement en ligne droite sont expérimentalement les mieux établies.

Les *organes* de ce sens sont les terminaisons nerveuses :

des *canaux semi-circulaires* (affectés aux sensations de rotation).

de l'*utricule* et du *saccule* (affectés aux sensations de mouvement rectiligne, de verticalité et d'inclinaison).

N.-B. — La perception de notre attitude verticale ou inclinée provient en partie de sensations d'autres régions du corps que l'oreille interne.

On admet parfois un **sens cénesthésique**, qui n'est pas sans analogie avec l'ancien **sens commun** (*sensorium commune*). Ce sens centraliserait les sensations venues des différentes parties du corps, particulièrement les sensations internes, digestives ou autres; il serait l'aboutissant ou la résultante de toutes ces sensations; il donnerait l'impression d'ensemble de l'état de l'organisme, il exprimerait le *ton vital*. Mais ce n'est pas là à proprement parler un sens spécifique.

Il en est des sensations élémentaires comme des corps simples de la chimie; la liste n'en est pas arrêtée; la science pourra en réduire ou en augmenter le nombre.

RELATIVITÉ DES SENSATIONS

I. Nos sens sont en nombre restreint, d'ailleurs bornés, imparfaits; ils nous font donc connaître la réalité, non telle qu'elle est en elle-même, mais telle qu'elle est par rapport à nous, à notre constitution physique.

II. Chaque sensation est la réaction spécifique d'un appareil donné à une excitation donnée. 1° Des excitations différentes d'un même nerf produisent des sensations identiques; 2° une même excitation, produite sur des nerfs différents, produit des sensations différentes (*Théorie de l'énergie spécifique des nerfs*, J. Müller). .

III. Les sensations traduisent non des *états*, mais des *chan-*

gements d'état : je ne perçois pas la *chaleur*, mais le *passage du froid au chaud*.

a) *Toute sensation est relative à la sensation antécédente.*
— Plongez la main d'abord dans l'eau chaude, puis dans l'eau tiède; l'eau tiède paraîtra froide. Inversement plongez la main d'abord dans l'eau froide, puis dans l'eau tiède; l'eau tiède paraîtra chaude.

b) *Toute sensation est relative aux sensations simultanées.*
Ex. : les *effets de contraste* des couleurs.

IV. Toute sensation est comprise entre deux limites : l'une *au-dessous*, l'autre *au-dessus* de laquelle elle n'est plus sentie; *minimum* et *maximum sensibile* (Loi du seuil : Weber et Fechner).

PERCEPTION EXTÉRIEURE

Définition. — La perception est distincte de la sensation, quoiqu'elle se fasse à l'aide de la sensation. La sensation est un état de conscience, la perception est la connaissance d'une réalité extérieure due à la sensation.

Dans la perception, l'esprit ne retient pas toutes les impressions sensibles, mais seulement celles qui ont un intérêt pour lui; en revanche il ajoute à ses sensations présentes le souvenir des sensations passées semblables, ou bien différentes, mais associées à celles-ci, pour avoir été éprouvées conjointement avec elles. La perception est donc la ou plutôt les sensations, à la fois *allégées* et *compliquées*, *réduites* et *complétées*.

Analyse de la perception. — 1° Excitation, 2° sensation, 3° perception proprement dite.

La perception consiste à *construire* les *objets* extérieurs à l'aide des sensations. Un *objet* est un *groupe défini de sensations*, toujours données ensemble et conçues comme ne pouvant exister les unes sans les autres. Ex. : une *orange* est le groupe défini et constant des sensations suivantes : contact froid, rugueux, saveur sucrée, odeur *sui generis*, couleur jaune, etc.

Perceptions

naturelle (Ecossais) ou *propre* (Aristote)	Perception qu'un sens nous donne en vertu de sa constitution, et qu'il n'appartient qu'à ce sens de nous donner (ex. la *couleur*, perception *naturelle* de la vue ou *propre* à la vue). Cette perception est toujours vraie.
acquise (Ecossais) ou *par accident* (Aristote)	Perception, qu'un sens ne nous donne pas en vertu de sa constitution, mais qu'il en vient à pouvoir nous donner par suite de l'*éducation* qu'il a reçue. (Ex. la maturité d'un fruit, la fraîcheur d'une eau, connues à l'*aspect* de ce fruit, de cette eau). La perception acquise est tantôt vraie, tantôt fausse.

Éducation des sens. — A) *Conditions.* — Nos sens s'exercent *en même temps.* Leurs données, par suite, *s'associent*, et une sensation suffit à évoquer toutes celles qui se sont produites antérieurement avec elle.

B) *Effets.* — L'éducation fait d'un sens (par ex. de la vue) le *suppléant* ou *substitut* d'un ou de plusieurs autres sens (par exemple du toucher). Elle étend ainsi la *portée* des sens.

De là des *avantages* : économie de temps et d'effort, rapidité de la perception, et des *inconvénients* : *erreurs* dites des sens.

Erreurs des sens. — L'expression « erreur des sens » est consacrée, mais impropre. L'erreur, dite des sens, est imputable à l'intelligence, qui interprète mal les données sensibles.

A) *Causes*

La maladie ou constitution vicieuse de l'organe (ex. le daltonisme).

Par l'effet de l'éducation, les sens sortent de leur sphère propre, de leur compétence.

L'imagination dépasse ou devance les données des sens (la *préperception*).

B) *Remèdes.* — Le principal est le contrôle des sens les uns par les autres. Il faut en appeler du *sens incompétent* au *sens compétent*, des *perceptions acquises* aux *perceptions naturelles.*

Perception de l'espace. — Nous ne percevons pas seulement les *objets* comme des groupes de sensations, nous les percevons encore comme *situés dans l'espace.*

Deux théories sur la perception de l'espace :

Nativisme : l'idée d'espace est innée, *a priori.*

Empirisme : l'idée d'espace est acquise, dérive de la sensation.

Le *nativisme* est soutenable : l'étendue serait un élément *perceptuel*, non *sensible*, impliqué d'ailleurs dans toute sensation. Mais il ne fait pas à l'éducation la part considérable qu'elle a dans la perception de l'étendue.

L'empirisme est faux, s'il prétend que l'éducation peut nous donner la perception de l'étendue, laquelle nous manquerait primitivement; elle ne fait que développer nos perceptions naturelles.

Quand on dit que l'idée d'espace dérive de la sensation, on entend qu'elle dérive ou de toute sensation, quelle qu'elle soit, ou de quelques sensations privilégiées (tactiles, visuelles).

Dans le second cas, l'étendue est la *perception naturelle* d'un ou de deux sens seulement et devient la *perception acquise* des autres sens. Elle est, je suppose, une *perception naturelle du toucher.* Mais j'associe à telle sensation tactile telle forme visuelle, telle sonorité, telle odeur, etc.; il suffit dès lors que je perçoive cette odeur, ce son, cette forme visuelle pour que j'évoque aussitôt la sensation tactile correspondante et, avec elle, l'*étendue* qu'elle implique. Les sensations, inextensives par nature, deviennent donc extensives, par leur association avec les sensations naturellement extensives.

Mais il est plus simple d'admettre que toute sensation a sa *voluminosité* (W. James), est perçue comme étendue. Il ne s'agit plus alors que d'expliquer comment l'étendue vague, confuse de la sensation primitive se change en une étendue nette, déterminée, précise.

La perception d'étendue comprend :

1° le groupement en un même lieu des sensations hétérogènes qui composent un objet donné et la reconnaissance de cet objet sous chacune de ces sensations hétérogènes.

2° la situation d'un objet donné par rapport aux autres objets dans l'espace;

3° la mesure des grandeurs respectives de chaque objet.

Tous les sens sont loin de jouer le même rôle dans la perception de l'étendue : le toucher, le sens kinesthésique jouent un rôle prépondérant, la vue ne vient qu'après.

Degrés de la localisation. {

Localisation des sensations en nous, dans notre corps. Sensations tactiles, gustatives, thermiques, etc.

Loi : Toute sensation est située à l'extrémité périphérique du nerf afférent.

Localisation des sensations en dehors de nous. Sensations visuelles, auditives, tactiles.

Loi : Nous situons nos sensations là où le toucher explorateur a coutume de rencontrer l'objet qui les cause (Taine).

La perception a été définie quelquefois un *langage*. Cela est particulièrement vrai de la perception de l'étendue. Ainsi les sensations provenant des muscles accommodateurs de l'œil sont interprétées comme *signe* de la *distance* des objets; celles des mouvements de la tête et du corps tout entier, comme *signe* de la *direction*; — l'éclat ou vivacité des couleurs, comme *signe* de *proximité*; les tons mats ou ternes, au contraire, comme *signe* d'*éloignement* des objets, etc. Un langage est long à acquérir et est plus ou moins acquis; cela est vrai de ce langage des sensations, qu'on appelle la perception de l'étendue ou la perception extérieure en général.

MÉMOIRE

La mémoire comprend l'*acquisition*, — la *conservation*, — la *reproduction* ou *rappel* des perceptions, — la *reconnaissance* de ces perceptions comme passées, — leur *localisation* dans le passé.

De là :

1° les **degrés** du souvenir :

a) le souvenir *latent*, acquis et conservé, mais non rappelé;

b) la *réminiscence* ou *souvenir incomplet*, conservé et rappelé, mais non reconnu;

c) le souvenir *complet*, mais *vague*, conservé, rappelé et reconnu, mais non replacé dans les circonstances où il s'est produit, non situé dans le passé;

d) le souvenir *complet* et *précis*, conservé, rappelé, reconnu et localisé.

2° les qualités ou formes de la mémoire :

La mémoire est :

a) au point de vue de l'*acquisition*, *facile* ou *difficile*;

b)   —   la *conservation*, *tenace* ou *fugitive*;

c)   —   du *rappel*, *prompte* ou *lente*.

On établit parfois un *rapport inverse* entre la *facilité* et la *ténacité*, un *rapport direct* entre la *facilité* et la *promptitude*, mais c'est là un cas au plus fréquent, ordinaire, non une loi.

I. — CONSERVATION

Tous les états de conscience, *affectifs* aussi bien qu'*intellectuels*, *peuvent être* conservés; d'aucuns même supposent que tous *le sont en fait*, mais que quelques-uns seulement sont rappelés. Cette hypothèse est invérifiable.

Pour expliquer le *mode* de conservation, on a émis plusieurs hypothèses : celle de la persistance des *traces cérébrales* (Descartes, Malebranche) — celle de la *phosphorescence cérébrale* : comme le phosphore garde les impressions lumineuses, le cerveau garde les impressions sensibles de tout ordre (Dr Luys); — celle qui assimile le cerveau à une plaque phonographique, etc. Toutes ces hypothèses sont arbitraires et d'ailleurs *figuratives*, non *explicatives*. Il faut admettre le *fait*, mais renoncer à comprendre le *mode* de conservation.

Ce fait est soumis à deux sortes de *conditions* ou *lois* :

I. **Physiologiques** { *générales* : âge, état de santé, fatigue ou repos, etc.
spéciales : état circulatoire du cerveau,

II. Psychologiques

attention, principe de la mémoire intelligente. L'attention étant la condition de la mémoire, tout ce qui est une condition de l'attention (intérêt, intensité, nouveauté de l'impression première) est par là même une condition de la mémoire.

répétition, principe de la mémoire brute, machinale. Parfois on ramène la *répétition* à l'*attention*, les actes répétés d'attention faible étant regardés comme équivalant à une attention forte. Il n'y aurait alors qu'une sorte de mémoire. Si l'on admet deux mémoires, l'une machinale, l'autre intelligente, il faut dire que la mémoire *normale* est la synthèse ou fusion de ces deux mémoires, qu'elle est le *savoir par cœur*, ajouté au *savoir* proprement dit.

II. — RAPPEL

Définition. — Retour à la conscience d'une perception passée.

Division

Rappel *involontaire* ou *spontané* : souvenirs qui se présentent d'eux-mêmes à la conscience, sans qu'on les cherche, alors même qu'on voudrait les écarter ou les fuir.

Rappel *volontaire* ou *réfléchi* : souvenirs qui se présentent quand on les cherche et répondent à un appel ou commandement exprès de la volonté.

Lois ou Conditions

physiologiques

générales : état général de l'organisme.

spéciales : retour de l'état cérébral dans lequel on se trouvait au moment de la perception (cas du portefaix qui, ayant égaré un paquet, étant ivre, ne put le retrouver que lorsqu'il s'enivra de nouveau).

psychologiques. Le rappel, quand il est *spontané*, a lieu selon la loi de l'association des idées; quand il est *volontaire*, il a lieu encore selon la même loi, la volonté ne pouvant évoquer, faire surgir une idée, mais seulement mettre en jeu le mécanisme qui fait surgir cette idée.

III. — RECONNAISSANCE

Définition. — Re-connaissance, acte par lequel : 1° on connaît un souvenir comme tel et on ne le confond pas avec une perception; 2° on s'attribue un souvenir, on le reconnaît, non pas seulement comme *passé*, mais comme *sien*.

Si le premier élément manque, on a la *réminiscence*; s'il se produit indûment, c'est-à-dire dans le cas d'une perception qui se présente pour la première fois, on a la *paramnésie* (*fausse reconnaissance* ou *fausse mémoire*).

Si le second élément manque, il y a *dépersonnalisation*.

Nature de la reconnaissance. — Deux théories : 1° La reconnaissance est un *jugement* par lequel on identifie l'image évoquée présentement à une perception passée. Mais un tel jugement est impossible : il équivaudrait à une comparaison entre deux termes dont l'un seulement serait donné; en effet on ne peut pas comparer le souvenir présent à la sensation passée, celle-ci ayant disparu. 2° La reconnaissance est un *sentiment*, à savoir le sentiment du *déjà vu* (ou plutôt du *déjà perçu* ou *senti*), sentiment indéfinissable, qu'on a voulu ramener au sentiment de *familiarité*, mais qui est quelque chose de plus. Ce sentiment, qui manque à la perception, est caractéristique du souvenir.

Conditions de la reconnaissance. — 1° Idée de temps, 2° idée de l'identité du moi.

IV. — LOCALISATION

1° Naturelle ou réelle. — Elle consiste à assigner à un souvenir donné la place qu'il occupe dans la série des états de conscience. Ou cette série est complète et continue, ou elle est incomplète et discontinue (ABCDE, etc., — ACE). Dans le premier cas, on situe le souvenir, par exemple C, entre ceux qui le précèdent et le suivent immédiatement, B et D; dans le second, on situe le souvenir par rapport aux souvenirs retenus, lesquels se rapportent ordinairement aux événements marquants de la vie passée, pris alors pour points de repère. Dans les deux cas, la localisation est subjective ou personnelle.

2° **Artificielle ou symbolique.** — Au lieu de situer les souvenirs dans le *temps*, on les situe dans l'espace, en prenant pour mesure du temps écoulé des *mouvements uniformes* (mouvements de la terre sur elle-même, autour du soleil, mouvement des aiguilles sur un cadran, jour, année, heure, etc.). Cette localisation est précise, et de plus objective, impersonnelle.

ASSOCIATION DES IDÉES

Critique du mot. — 1° *Idée* est un terme trop étroit : l'association s'applique à tous les états psychologiques (sentiments, actes, idées proprement dites).

2° *Association* est un terme vague et équivoque : désigne-t-il une simple *juxtaposition* ou une véritable *combinaison* (*chimie mentale*) des idées?

L'association est cette loi en vertu de laquelle tous les états psychologiques se suggèrent ou s'évoquent les uns les autres.

Les *rapports* suivant lesquels les états de conscience s'associent sont des rapports de

Contiguïté

dans le temps. Ex. synchronismes historiques. Deux faits s'associent dans l'esprit par cela seul qu'ils se sont produits ensemble (mort de Kléber et mort de Desaix).

dans l'espace. Ex. un lieu en évoque un autre voisin (Versailles-Meudon). Deux faits s'associent dans l'esprit, comme s'étant passés dans le même lieu.

dans le temps et dans l'espace. Deux faits s'associent dans l'esprit comme s'étant passés dans le même temps et dans le même lieu (Louis XIV, Molière, les fêtes de Versailles, les comédies-ballets, où le roi dansait, où le grand comique jouait).

Similarité. — Quand deux choses se *ressemblent*, l'idée de l'une évoque l'idée de l'autre. Il n'est pas besoin que la ressemblance soit parfaite ou poussée très loin (ex. : le portrait et l'original); une ressemblance même lointaine, une simple analogie, suffit (ex. : la jeunesse et le printemps).

Contraste. — Une chose fait penser à son contraire, ex. : le *blanc* au *noir*, le *printemps* à l'*hiver*.

Réduction des lois d'association à une seule. — 1° *Le contraste ramené à la ressemblance* : les contraires (ex. : blanc et noir) se ressemblent comme *faisant partie du même genre* (couleurs) et comme étant *les extrêmes* de ce genre.

2° *La ressemblance ramenée à la contiguïté.* — Deux objets A et B se ressemblent comme ayant des caractères communs, A = *abc*, B = *abd*. Les caractères communs *ab* sont associés par *contiguïté* soit à *c*, soit à *d*, autrement dit, évoquent soit *c*, soit *d*, c'est-à-dire A ou B; donc A et B, comme contenant *ab*, s'évoquent l'un l'autre.

Le contraste se ramenant à la ressemblance et la ressemblance à la contiguïté, toute association en dernière analyse rentre dans la contiguïté.

Valeur de cette réduction. — 1° Le contraste implique la ressemblance, mais ne s'y ramène pas entièrement.

2° La réduction de la ressemblance à la contiguïté est artificielle. On pourrait aussi bien ramener la contiguïté à la ressemblance et dire que deux faits contigus se ressemblent, comme situés dans le même temps et le même lieu.

Chaque forme d'association a sa valeur propre, son originalité et il n'y a aucun intérêt pratique, aucune raison théorique d'opérer la réduction des associations à une seule.

Cependant on peut trouver une loi d'association renfermant toutes les autres, à savoir la

loi de rédintégration ou de *totalisation* (Hamilton). — *Énoncé de Wolf* : Perceptio præterita integra recurrit cujus præsens continet partem. Toute perception passée tend à se représenter à l'esprit intégralement, c'est-à-dire qu'un de ses éléments étant donné, tous les autres reviennent ou tendent à revenir à la pensée.

Cette loi est *théorique* ou purement *idéale*.

Loi d'intérêt (Hodgson, W. James). — *En fait*, ceux-là seuls d'entre les éléments d'une perception passée reviennent à l'esprit, qui ont *de l'intérêt* pour nous, c'est-à-dire qui nous ont vivement frappés, qui se rapportent à nos préoccupations présentes, qui sont récents ou habituels, etc.

Critique des lois d'association. — 1° L'association des idées est censée se produire en vertu des rapports saisis entre les idées, or la perception de ces rapports suppose que les idées sont déjà données ensemble, c'est-à-dire associées. — L'association des idées et la perception de leurs rapports sont, en réalité, des opérations simultanées, inséparables.

2° Les lois d'association sont vagues, ne permettent pas de prévoir les idées qu'elles suggèrent, les faits auxquels elles s'appliquent.

3° Ces lois n'ont pas la portée *universelle* qu'on leur attribue. Elles ne sont pas dans le monde psychologique ce qu'est la loi d'attraction dans le monde physique. Elles n'expliquent pas toutes les opérations de l'esprit, *intellectuelles* aussi bien que *sensitives* : il faut distinguer la *liaison* et l'*association* des idées proprement dite, l'une qui a lieu suivant des rapports *logiques et nécessaires*, l'autre qui a lieu suivant des rapports *accidentels* ou *fortuits* et *contingents*.

4° On a trop conçu l'esprit comme un composé d'éléments réunis par la loi d'association. L'*associationisme* est un *atomisme psychologique*, qui décompose l'esprit en éléments qu'il lui faut ensuite réunir ou associer. Ce double travail de décomposition et de recomposition est artificiel.

IMAGINATION

Par les *sens* on perçoit les objets présents, par l'*imagination* on se représente des objets absents ou éloignés, qui ne sont pas actuellement donnés, qui ont cessé d'exister, ou même qui n'ont jamais existé.

Deux sortes d'imagination {

reproductrice, qui consiste à faire revivre les sensations antérieurement éprouvées, sans y rien changer

productrice ou *créatrice*, qui consiste à former des représentations, ayant leur point de départ dans la réalité, mais s'écartant plus ou moins de la réalité, s'en inspirant librement et finissant par s'en affranchir.

L'*image* dérive de la *sensation*, mais s'en d'*stingue*. La sensation est un état *prima're*; l'image, un état *secondaire*. La sensation est un *état fort*; l'image, un *état faible*. Toute sensation est susceptible de renaître sous forme d'image, plus ou moins nette. Il y a donc autant d'images que de sensations : visuelles, auditives, tactiles, olfactives, etc.

Classification des esprits d'après leurs images prédominantes (Charcot) en { visuels ; auditifs ; moteurs ; indifférents ou mixtes.

Lois ou propriétés de l'image.

1° Toute image est *motrice*, c'est-à-dire qu'elle détermine ou tend à déterminer des mouvements et des actes. Ex. : l'idée de la chute provoque la chute (vertige). Expérience du pendule de Chevreul. De là vient que tout récit s'accompagne de gestes, ex. : le chasseur qui mime' ses exploits ;

2° Toute image est *hallucinatoire*, c'est-à-dire qu'elle produit ou tend à produire l'illusion de la réalité, qu'elle entraîne naturellement la croyance à la réalité de son objet. Ex. : se représenter des revenants, c'est y croire ;

3° L'image est une *représentation* pure et simple, qui ne s'accompagne d'aucun acte, d'aucune croyance. Mais il faut se représenter alors l'*acte* et la *croyance*, impliqués dans l'image, comme inhibés ou enrayés par des forces antagonistes, par d'autres images, jouant le rôle de *réducteurs*.

IMAGINATION CRÉATRICE OU PROPREMENT DITE

Deux sortes { **Involontairement créatrice** ou spontanée et automatique. Ses formes : la rêverie, le rêve, la suggestion, le somnambulisme, naturel ou artificiel (hypnotisme), etc.

volontairement créatrice.

L'imagination à proprement parler ne *crée* rien ; elle ne fait que *combiner* d'une façon originale les éléments que la réalité lui fournit. Elle comprend donc deux procédés essentiels :

l'*analyse* ou dissociation d'un tout réel ou donné en ses éléments ;

la *synthèse* ou formation, à l'aide des éléments fournis par l'analyse, d'un tout nouveau, différent du tout réel.

A) *Analyse*.

Ses conditions

objectives, ou tirées des circonstances. « Ce qui, dans l'expérience, a été associé, tantôt à une chose, tantôt à une autre, tend à se *dissocier* des deux » (*loi de dissociation par variations concomitantes*).

subjectives. Le sujet trouve en lui-même, dans son tempérament, dans son tour d'esprit, dans ses préoccupations actuelles, des raisons de s'attacher à telle ou telle partie de la réalité, *en négligeant les autres*.

B) Synthèse.

Opération inverse de l'analyse, mais qui en est inséparable.

1º Elle la suppose comme *condition*.
2º Elle en est le *principe*.

Ses conditions

objectives. Le hasard des circonstances nous montre rapprochées des choses habituellement séparées et ainsi nous suggère des associations originales. Ex. · la vue d'un arbre tombé d'une rive à l'autre suggère l'idée d'un pont.

subjectives. Les mêmes raisons qui font que le sujet néglige telles parties de la réalité, font qu'il s'attache à telles autres, les assemble et les relie.

Procédés secondaires de l'imagination.

Augmentation. — Changement des proportions, maintien des formes (Ex. : géants).

Diminution. — Changement des proportions, maintien des formes (Ex. : nains).

Addition. — Ex. : récit fait de détails ajoutés à la réalité.

Soustraction. — Ex. : récit omettant des circonstances réelles.

Rôle et portée de l'imagination. — L'imagination a une portée universelle; elle s'exerce dans tous les domaines :

1° Dans l'*art*, regardé longtemps comme son domaine propre et exclusif;

2° Dans la *science*;

3° Dans la *vie pratique*. Mot de Figaro : « J'ai dépensé, pour subsister seulement, plus *d'art* et de *génie*, qu'on n'en a mis depuis cent ans à gouverner toutes les Espagnes ».

ATTENTION

L'attention n'est pas une fonction spéciale, mais un mode particulier, à savoir le mode actif ou volontaire, des fonctions de l'esprit. Quand elle s'ajoute aux perceptions des sens, l'attention en change la nature et le nom (ainsi on a des mots spéciaux pour désigner la vision, l'audition, l'olfaction, etc., attentives ou non; on dit : *regarder* et *voir*, *écouter* et *entendre*, *flairer* et *sentir*, etc.); de même, quand elle s'ajoute aux opérations intellectuelles (on appelle *réfléchis* ou *raisonnés*, le jugement, le raisonnement, qui s'accompagnent d'attention, — *irréfléchis* ou *instinctifs*, les mêmes actes accomplis sans attention).

Définition. — Être attentif, c'est diriger et tendre son esprit vers un objet, en vue de le connaître (*tendere ad*); c'est aussi et par là même concentrer son esprit sur cet objet.

Division. — L'attention se divise :

1° D'après *la nature des objets* sur lesquels elle porte, en { attention *sensorielle* ou *attention* proprement dite. / attention *intellectuelle* ou réflexion.

2° D'après *sa nature ou sa forme*, en { attention *involontaire*. / attention *spontanée*. / attention *réfléchie*.

Il y a attention *involontaire* ou *forcée*, quand une impression forte s'impose à l'esprit, comme dans le cas d'une sensation *exclusive* ou *dominante* (Condillac).

On appelle *spontanée* l'attention que nous donnons à un objet, en raison de l'*attrait* ou de l'*intérêt* qu'il a pour nous, et *réfléchie*, celle que nous donnons à un objet, parce que nous voulons le connaître, que cet objet soit attrayant ou non, et alors même qu'il est aride et rebutant.

Réduction de toutes les formes d'attention à une seule : L'attention forcée ou involontaire n'est pas de l'attention, et l'attention réfléchie ou proprement volontaire se ramène à l'attention spontanée : l'objet d'étude, sans intérêt par lui-même, est rattaché à un objet intéressant en soi et ainsi rendu lui-même indirectement attrayant.

Lois de l'attention.

A. Conditions ou causes de l'attention. — Elles sont de deux sortes : *physiologiques* et *psychologiques*.

1° Conditions physiologiques : Accommodation de l'appareil sensoriel ou mouvements d'adaptation. On regarde ces mouvements, non comme l'effet, mais comme la cause de l'attention.

2° Conditions psychologiques. — L'attention, donnée à un objet, serait une représentation ou image envoyée au-devant de cet objet et qui en faciliterait et préciserait la perception ; d'un mot, ce serait la représentation anticipée de l'objet qu'il s'agit de percevoir.

B. Effets de l'attention. — L'attention a deux effets contraires : 1° Elle est un *monoïdéisme*, ou application de l'esprit à un seul objet ; 2° elle est un *polyidéisme* : en s'enfermant dans une idée, l'esprit découvre par là même dans cette idée beaucoup d'aspects, de caractères, d'éléments divers. Elle est donc à la fois une *simplification* et un *enrichissement* de la pensée.

ABSTRACTION

Définition. — Abstraire, c'est, étant donné un objet, considérer une qualité de cet objet à part des autres qualités ou de l'objet lui-même.

Division. — Deux sortes d'abstraction : *spontanée* ou *involontaire*, *réfléchie* ou *volontaire*.

L'*abstraction spontanée* ou *involontaire* consiste, étant donné un objet, à considérer une qualité de cet objet, *sans remarquer les autres*. Le principe de cette abstraction est donc l'*omission* ou l'oubli, le *défaut* de perception.

L'*abstraction réfléchie* ou *volontaire* consiste, étant donné un objet, à considérer une qualité de cet objet à part des autres, en sachant que ces autres existent, mais en ne voulant pas en tenir compte, en les écartant systématiquement, comme étrangères au but qu'on se propose.

Lois de l'abstraction.

A. Conditions ou causes. — Elles sont de deux sortes : *objectives* et *subjectives* :

1° *Conditions objectives.* — La nature nous fournit l'occasion de former des abstractions. « Ce qui, dans l'expérience, a été associé tantôt à une chose, tantôt à une autre, tend à se dissocier des deux » (W. James, loi dite de *dissociation par variation des circonstances concomitantes*).

2° *Conditions subjectives.* — L'état d'esprit du sujet, son tempérament, ses habitudes déterminent le point de vue auquel il se place pour considérer les choses, et ce point de vue détermine la nature, le genre et la forme de ses abstractions. Ainsi le paysan qui regarde la campagne, voit en elle ce qui se rapporte à la culture, fait abstraction du reste.

B. Effets. — 1° L'abstraction est par définition une *simplification* de la pensée, donc une condition de clarté, d'intelligibilité. D'où vient donc qu'*abstrait* est synonyme de difficilement compréhensible ? C'est que, s'il est aisé de comprendre l'abstrait une fois formé, il est difficile de former une abstraction, d'entrer dans le point de vue auquel il faut se placer pour cela ou de s'aviser de ce point de vue;

2° L'abstraction est la condition de l'attention (V. *supra*);

3° Elle est la condition de la généralisation (V. *infra*).

Rôle de l'abstraction. — 1° Dans la *vie pratique*. La vie pratique consiste à se proposer et à poursuivre des fins; or poursuivre une fin, c'est faire abstraction de tout ce qui est étranger à cette fin;

2° Dans la *vie morale*. Il en est de même dans la vie morale. S'inquiétera-t-on des opinions religieuses, philosophiques, politiques d'un médecin? Non, on ne considérera que son expérience et sa science. La *tolérance* repose donc sur l'abstraction;

3° Dans la *science*. Toute science a pour objet le général et l'abstrait. La science la plus parfaite, la plus rigoureuse est aussi la plus abstraite : les mathématiques.

Inconvénients et dangers de l'abstraction.

1° *Réalisation des abstractions.* — Elle consiste à poser comme existant *en soi* ce qui ne peut exister que *dans une autre chose*, autrement dit, à donner une *propriété* pour une *chose* (res) ou un *être*, à forger une *entité*. Ex.: les entités scolastiques (la *vertu dormitive* de l'opium), les *facultés* de la psychologie, etc.;

2° *Personnification des abstractions.* — Elle consiste à prendre une *qualité* ou *propriété*, non seulement pour une *chose* ou un *être*, mais encore pour une *personne* (illusion anthropomorphique);

3° *Divinisation des abstractions.* — Elle consiste à ériger une *qualité*, non seulement en *être*, en *personne*, mais encore en *divinité* (ex.: le panthéon mythologique).

GÉNÉRALISATION

Définition. — Généraliser, c'est, étant donnés plusieurs objets, considérer leurs caractères communs, abstraction faite de leurs différences, donner à l'ensemble de ces caractères communs un nom et en faire le type d'une classe.

Division. — Deux sortes de généralisation : *spontanée* ou *involontaire*, — *réfléchie ou volontaire*.

La première consiste, étant donnés plusieurs objets, à *ne pas remarquer leurs différences* et par suite à *les confondre*, à les prendre les uns pour les autres.

La seconde consiste, étant donnés plusieurs objets, à tenir compte de leurs ressemblances, à faire abstraction de leurs différences, sachant que ces différences existent, mais les écartant systématiquement, comme négligeables : on ne confond donc pas les objets entre eux, mais on les *assimile*.

Formation des idées générales. — 1° *Théorie de Galton* : les idées générales se forment de la même manière que les portraits *génériques* ou *composites* par la *superposition* et la *fusion* d'images particulières d'objets semblables qui se sont succédé dans notre esprit. — Si cette théorie était vraie, les idées, dites générales, seraient en réalité particulières; elles seraient, en effet, la fusion particulière d'un nombre défini d'images particulières; elles exprimeraient une *moyenne*, non une *généralité*; elles seraient des idées *collectives*. De plus la généralisation serait une opération mécanique ou passive, non un acte d'intelligence.

2° *Théorie de Berkeley.* — L'idée générale, telle qu'on la définit ordinairement, est inconcevable. En effet, elle est censée formée par la réunion des caractères communs à tous les objets d'une même classe, abstraction faite de leurs différences. Mais il est impossible de concevoir un objet qui n'aurait aucun caractère particulier, par exemple un arbre, qui ne serait ni chêne ni hêtre ni aucun autre arbre en particulier. Donc il n'y a pas d'idées générales. Mais, à défaut de telles idées, il y a des idées particulières formant *une même série* : on peut passer d'une idée particulière à une autre de la même série, et c'est dans *ce passage que réside la généralité*; autrement dit, une idée particulière acquiert une valeur générale, en tant qu'elle est prise comme *échantillon* ou *type* d'autres idées particulières. Encore faut-il qu'on explique comment des idées particulières font partie *d'une même série* et deviennent par là *substituables* les unes aux autres. Si le genre n'est pas l'ensemble des caractères communs à plusieurs choses individuelles, qu'est-il donc? D'où tire-t-il son unité? Du *point de vue* sous lequel certaines choses sont considérées et d'après lequel on les range.

3ᵉ *Théorie éclectique.* — Peut-être en fait y a-t-il plusieurs procédés de généralisation, partant plusieurs sortes d'idées générales, à savoir : *a)* *l'image générique,* ou idée générale confuse, *résidu* d'images particulières semblables; *b)* l'idée ou image particulière, précise, prise pour type ou *échantillon* d'autres idées particulières, également nettes; *c)* la *pensée symbolique* de Leibniz, ou pensée à l'aide de mots, n'évoquant présentement aucune image, mais convertible en images. On se contente de savoir qu'on pourrait, à l'aide des mots qu'on prononce, évoquer les images répondant à ces mots; on ne prend pas la peine d'évoquer ces images.

Valeur des idées générales. — La question métaphysique de la *valeur* des idées générales, qu'il ne faut pas confondre avec la question psychologique de leur formation ou genèse, a été débattue au Moyen âge et a donné lieu à trois théories principales :

I. Le *réalisme* (Guillaume de Champeaux) : le genre existe à part des individus (*a parte rei*) et antérieurement aux individus (*ante rem*); il est plus réel que les individus; même il est seul réel. Ainsi l'*humanité* a plus de réalité que l'*homme individuel*; elle existait avant lui, elle existera après lui; les hommes passent, l'humanité demeure.

II. Le *nominalisme* (Roscelin, G. d'Occam). Le genre n'existe que dans les individus et par eux (*in re, post rem*). Il n'est qu'un nom donné à tous les individus indistinctement.

III. Le *conceptualisme* (Abélard). Le genre est moins qu'un être et plus qu'un nom, à savoir une *conception* de l'esprit; il existe dans la pensée.

Rôle et portée de la généralisation. — 1° La généralisation est la condition de la *science* : il n'y a pas de science du particulier. En effet la science est la connaissance des *lois*; or toute loi est générale. — 2° La généralisation est la condition du *langage*: *omne individuum est ineffabile.* — 3° La généralisation est la condition de toute *pensée* : penser, c'est ramener le multiple à l'un, c'est-à-dire le particulier au général.

La généralisation est si naturelle à l'homme qu'il lui arrive de généraliser trop et trop vite; les enfants pèchent par excès de généralisation. Mais ils manquent aussi à généraliser. La généralisation donne donc lieu à deux abus contraires : le défaut et l'excès de généralisation.

JUGEMENT

Définition. — Juger, c'est *percevoir* et *affirmer* un rapport entre deux idées.

Il y a donc, dans le jugement, deux éléments : l'un, *intellectuel*, la perception d'un rapport, l'autre, *volontaire*, l'affirmation de ce rapport ou la *croyance*.

I. Le jugement, considéré comme la *perception d'un rapport entre deux idées*, se distingue de l'*association*. Pour qu'il y ait jugement, il faut d'abord qu'il y ait *association*, c'est-à-dire que deux idées soient données ensemble, mais il faut ensuite qu'un *rapport* soit saisi entre ces deux idées, et c'est en cela que consiste proprement le jugement.

II. Le jugement, considéré du point de vue de l'affirmation ou *croyance*, est plus que la perception, à savoir l'affirmation d'un rapport entre deux idées. En effet, on peut concevoir deux idées et leur rapport, sans se prononcer sur la réalité de ces idées et l'existence de leur rapport; dans ce cas, il y a *doute*, suspension du jugement.

a) **Théorie volontariste** (Descartes, Pascal). — Le jugement est un acte d'affirmation, une croyance et, comme tel, il relève de la *volonté*. « La volonté est un des principaux organes de la créance » (Pascal). La volonté a sur le jugement une action *négative* ou *positive*, suivant qu'elle résiste ou se rend à l'évidence, à la raison (Descartes), ou encore qu'elle résiste ou cède à l'intérêt et aux passions (Pascal). On objecte à cette théorie que ce n'est pas la volonté, mais la raison qui juge, qu'on croit ce qui est logiquement nécessaire ou ce qui s'impose comme fait, et non pas ce qu'on veut ou ce qui plaît.

b) **Théorie intellectualiste** (Spinoza). — Le jugement procède de l'idée. Toute idée entraîne naturellement la croyance à la réalité de son objet. Ex. : se représenter des revenants, c'est y croire. — Comment se fait-il alors que toute idée ne soit pas suivie d'un jugement? C'est qu'il y a lutte ou conflit entre les idées : telle idée a pour *réducteur*, soit une autre idée, soit une sensation *antagoniste*. Ex. : la croyance à un revenant est chassée par la vue ou le toucher du rideau, qui a suscité cette croyance.

Conciliation des deux théories. — Le jugement relève de l'intelligence, non de la volonté, mais l'intelligence est sous la dépendance de la volonté, laquelle est ainsi une cause indirecte, prédisposante ou inclinante, du jugement : c'est volontairement que l'esprit se porte à considérer les raisons qui déterminent son jugement.

RAISONNEMENT

Définition. — Raisonner, c'est *percevoir* et *affirmer* un rapport entre deux ou plusieurs jugements, comme juger, c'est percevoir et affirmer un rapport entre deux idées. Le raisonnement n'est donc qu'un jugement composé, et ce qu'on a dit du jugement s'applique au raisonnement.

Autre définition. — Le raisonnement est une suite d'idées, logiquement enchaînées (ex. : Socrate, sage, heureux), en sorte qu'on peut passer de l'une à l'autre ou substituer l'une à l'autre.

Il représente une simplification de la pensée. En effet on ne considère dans les idées qui entrent dans un raisonnement que les caractères par lesquels elles se relient entre elles.

I. Le raisonnement considéré du point de vue de la perception. — Le raisonnement n'est pas une simple *association* ou *consécution empirique*, c'est-à-dire une succession d'idées entre lesquelles on n'aperçoit point de rapport. Il est la *perception d'un rapport* unique entre tous les termes d'une même série d'idées.

II. Le raisonnement considéré du point de vue de l'affirmation ou croyance. — Le raisonnement, comme le jugement, implique une croyance, entraîne une conviction. Ex. : si un inculpé invoque un alibi et en fait la preuve, son innocence se trouve par là établie d'une façon concluante, c'est-à-dire qu'on y *croit* aussi fermement que si on la constatait expérimentalement.

On distingue *deux espèces de raisonnement* : l'*induction*, qui conclut du particulier au général ou du fait à la loi et la *déduction*, qui conclut du général au particulier (V. Logique).

Trois théories : 1° l'induction est réductible à la déduction (Cl. Bernard).

2° la déduction est réductible à l'induction (Stuart Mill).

3° l'induction et la déduction sont irréductibles l'une à l'autre.

PRINCIPES DIRECTEURS DE LA CON- NAISSANCE; LEUR DÉVELOPPEMENT ET LEUR RÔLE

Les *principes* sont les connaissances *premières*, c'est-à-dire qui viennent avant toutes les autres, logiquement et en droit, mais non pas chronologiquement et en fait, autrement dit, les connaissances *essentielles* ou *fondamentales*.

Ils sont *inconscients* « Quoiqu'ils nous soient aussi nécessaires pour penser que les muscles et les tendons pour marcher, nous *ne les sentons pas* » (Leibniz). Il faut donc, pour les connaître, *analyser* les jugements et raisonnements dans lesquels ils sont impliqués.

Ils ont pour caractères d'être 1° *universels*, 2° *nécessaires*.

Ils peuvent se classer ainsi :

		CARACTÈRES :	ORIGINE :
sensible	Notion d'espace :	universalité, nécessité	a priori
	— de temps :	— —	—

Principe de contradiction (ou mieux de non-contradiction).
Enoncé : *une même chose ne peut à la fois être et ne pas être, ensemble et sous le même rapport.*
Caractères : Ce principe est *universel — nécessaire.*
Origine : *a priori.*

Principes de la pensée ou principes logiques.

Principe d'identité.
Enoncé : *Ce qui est, est. A est A.*
Caractères : *universalité, — nécessité.*
Origine : *a priori.*

Principe d'exclusion du milieu ou du tiers exclu.
Enoncé : *une chose est ou n'est pas ; il n'y a pas de milieu.*
Caractères : *universalité, — nécessité.*
Origine : *a priori.*

(Principes de la connaissance ; intellectuelle)

Principes de la connaissance intellectuelle (suite)

Principes de l'être ou principes du réel.

Principe de raison suffisante.

Enoncé : *Tout a une raison.*

Caractères : *universalité,* — *nécessité :*

Origine : *a priori.*

Principe de *cause :*

Enoncé : *Tout ce qui commence d'arriver a une cause.*

Caractères : *universalité,* — *nécessité.*

Origine : *a priori.*

Principe de *loi :*

Enoncé : *Les mêmes causes produisent les mêmes effets.*

Caractères : *universalité,* — *nécessité.*

Origine : *a priori.*

Principe de *fin.* — La valeur de ce principe est contestée. — On n'ose dire que tout ce qui existe a une fin. Ce principe n'étant pas *universel,* n'est donc pas *nécessaire.* La finalité donne satisfaction à l'esprit, mais ne paraît être qu'une *tendance,* qu'un *point de vue* de l'esprit.

Deux théories sur l'origine des connaissances :

1° l'empirisme, d'après lequel toute connaissance vient de l'expérience, à savoir des *sens* seuls (*sensualisme*), ou des *sens* et de la *conscience* à la fois (*empirisme* proprement dit). — *Formule : Nihil est in intellectu quod non prius fuerit in sensu.* — Comparaison de la *table rase* ou de l'*homme-statue.*

2° le rationalisme, d'après lequel toutes les connaissances ne viennent pas de l'expérience, mais quelques-unes, à savoir les principes *universels* et *nécessaires,* sont *innées, a priori. Formule : Nihil est in intellectu quod non prius fuerit in sensu,* nisi ipse intellectus (Leibniz). Comparaison du bloc de marbre, apte à figurer la statue d'Hercule plutôt que toute autre statue.

EMPIRISME, SES FORMES DIVERSES

A) **Sensualisme**. — Cette théorie, d'après laquelle toute connaissance dérive des sens, est vraie, si l'on n'a en vue que les *matériaux* de la connaissance, les faits ; mais elle ne vaut plus pour la connaissance entendue comme la mise en œuvre des matériaux, la *liaison* que l'esprit établit entre les faits.

B) **Associationisme**. — Théorie d'après laquelle la *forme*, aussi bien que la *matière* de la connaissance, viendrait de l'expérience. Par *forme* on entend les *lois*, les *rapports* entre les faits. Toutes les *lois* de la connaissance se ramènent à une seule : l'*association* des idées. Or l'association des idées dans l'esprit vient de l'association des faits dans l'expérience. Ainsi, c'est parce que deux faits se sont *toujours* produits à la suite l'un de l'autre dans l'expérience, que l'esprit *associe* ces deux faits, les juge *inséparables*, conçoit l'un comme la *cause* de l'autre, et *ne peut* les concevoir *autrement*. L'association peut donc engendrer des connaissances *universelles* et *nécessaires*. Oui, s'il ne s'agit que d'une universalité et nécessité *relative* et *provisoire*, car l'expérience, qui est la limite de notre connaissance, est toujours bornée et peut changer. Aussi le principe de causalité ne vaut-il que pour notre monde sublunaire et ne lie-t-il point l'esprit du philosophe rompu aux habitudes de l'analyse (Stuart Mill).

C) **Evolutionnisme**. — L'évolutionnisme élargit la notion de l'expérience et concilie Locke et Kant : les principes de la connaissance sont à la fois *a priori* ou *innés*, et *issus de l'expérience* ; ils proviennent d'une expérience lointaine, celle de toute l'espèce, transmise héréditairement à l'individu ; cette expérience est donc *innée* chez l'individu, mais *acquise* par l'espèce.

Objections. — 1° L'hypothèse de l'hérédité des principes est contestable. Il y a bien une hérédité intellectuelle, mais c'est l'hérédité des *aptitudes*, non celle des *connaissances*.

2° Spencer recule le problème, sans le résoudre. L'hérédité explique la *transmission* des connaissances, non leur *formation* ou *origine*. L'esprit n'est plus aujourd'hui une *table rase* encore faut-il qu'il en ait été une à l'origine, et comment l'humanité primitive a-t-elle pu acquérir l'expérience, si « l'expérience suppose la faculté d'organiser les expériences », c'est-à-dire la possession des principes, la raison ?

3° Enfin, si élargie que soit l'expérience, elle est toujours limitée et elle peut toujours être contredite par l'expérience ultérieure; elle ne suffit donc pas à établir ou à justifier des principes vraiment universels et nécessaires.

RATIONALISME,
SES FORMES DIVERSES

A) La maïeutique de Socrate. — Enseigner, ce n'est pas communiquer la vérité toute faite aux esprits, c'est la leur faire trouver. Donc les esprits portent en eux-mêmes la vérité ou du moins le germe de la vérité, les *principes* de la science.

B) La réminiscence de Platon. — L'âme se souvient, à l'occasion des faits de l'expérience, des idées éternelles qui fournissent l'explication de ces faits.

C) L'innéité cartésienne. — A vrai dire, il n'y a pas, selon Descartes, d'idées innées en nous, il n'y a d'inné que la faculté d'acquérir certaines idées.

D) Théorie de Leibniz. — Les idées innées sont incon-scientes; ce sont de simples préformations ou prédispositions de la pensée. Elles surgissent dans l'esprit à l'occasion de l'expé-rience, mais elles ne sortent pas de l'expérience : l'esprit les tire de son propre fonds.

E) Théorie de Kant. — L'expérience suppose une *matière* et une *forme* : une matière, qui vient du dehors, une forme, imposée aux choses par l'esprit. L'expérience est la matière, rendue pensable par l'application des lois *a priori* de la pen-sée : formes de la sensibilité et catégories de l'entendement.

CONCLUSION

Si l'empirisme ne peut rendre compte des connaissances universelles et nécessaires, ne peut expliquer comment la science se constitue, ni comment l'éducation et l'expérience produisent des résultats différents sur des esprits différents, le rationalisme de son côté ne peut expliquer comment et pourquoi la raison s'accorde avec l'expérience. Ces deux systèmes sont donc faux et étroits. On essaie de les dépasser et de les concilier en concevant une raison, non donnée d'emblée, mais se formant au contact de l'expérience, et dont les principes seraient des essais ou méthodes pour rendre compte de l'expérience, méthodes tirant leur valeur de leur succès, partant de l'expérience. Cela revient à faire sortir en un sens la raison de l'expérience et à supposer, d'autre part, la raison donnée avec l'expérience, et comme le pouvoir de tirer parti de l'expérience.

LES SIGNES ET LE LANGAGE

Définition. — Un langage est un système de signes.

Un signe est un phénomène sensible, qui évoque l'idée d'un phénomène ou d'un être, ne tombant pas sous les sens.

Division. — Les signes se divisent :

1° D'après la nature des sens auxquels ils s'adressent en :

signes *visuels* : Dessin, écriture, mimique, télégraphie optique, etc.

signes *auditifs* : Langage inarticulé (cris, interjections). Langage articulé (parole).

signes *tactiles* : Langage des sourds-muets aveugles (Laura Bridgeman, Helen Keller).

(Un signe étant un *phénomène sensible*, il y a autant de signes possibles que de sens, mais il n'existe pratiquement ou en fait, que les signes indiqués.)

2° D'après leur rapport avec la chose signifiée, en :

signes *naturels* : produits involontairement ou sans intention et compris d'emblée par tous (ex. les pleurs, signe de tristesse).

signes *artificiels* : établis en vertu d'une convention et qui ne peuvent par suite être compris que de ceux qui sont au courant de cette convention (ex. le geste de saluer, signe de respect; le noir, signe de deuil).

ORIGINE DU LANGAGE

La question se décompose ainsi :

I. *Origine du langage naturel.*

II. *Passage du langage naturel au langage artificiel.*

I. — ORIGINE DU LANGAGE NATUREL

Deux questions : 1° Comment les signes naturels sont-ils *produits?*
2° Comment sont-ils *compris?*

1° Comment les signes naturels sont-ils produits?

a) **Principe de Bell** : Le signe naturel est une action utile, simplement ébauchée, c'est-à-dire simplifiée et réduite (ex. : le geste de porter la main à sa bouche, signe de l'acte de manger ou de la faim).

b) **Principes de Darwin** : α) *Principe de l'association des habitudes utiles* : Le signe naturel est une action primitivement utile, qui a cessé de l'être, mais qui persiste par habitude, qui survit à sa raison d'être ou à sa cause (ex. : les lèvres serrées, ébauche de l'action de mordre, signe de la colère).

β) *Principe de l'antithèse* : Le signe naturel d'une émotion est le geste inverse de celui qu'on ferait, si l'on éprouvait l'émotion contraire (ex. : le chat en colère allonge son corps, montre ses griffes ; le chat câlin fait patte de velours, fait le gros dos).

γ) *Loi de la diffusion de la décharge nerveuse* : Une émotion forte met en liberté un excès de force nerveuse, laquelle se décharge dans les muscles, particulièrement ceux de la face et de la phonation ; de là les jeux de physionomie, les cris, interprétés comme signes de cette émotion.

c) **Loi de Wundt.** — Le signe naturel d'une sensation physique (ex. : l'action de cracher, signe de dégoût) devient le signe d'un sentiment moral, analogue à cette sensation (mépris).

2° *Comment les signes naturels sont-ils compris?*

a) Théorie de Jouffroy (*Intuitionnisme*). — Les signes naturels, qui traduisent les émotions, seraient compris d'instinct.

b) Théorie empiriste. — Il n'y a pas d'intelligence innée des signes. Un fait n'est interprété comme signe d'un autre qu'autant qu'il a été *associé* à cet autre dans l'expérience. Ainsi les larmes ne *signifient* la douleur que pour celui qui a l'expérience de la douleur et des larmes, comme toujours jointes ensemble.

L'intelligence des signes naturels semble un phénomène de *sympathie*. En reproduisant les actes, gestes, jeux de physionomie d'une personne, on entre dans les sentiments, l'état d'esprit de cette personne.

II. — PASSAGE DU LANGAGE NATUREL AU LANGAGE ARTIFICIEL

Deux sortes de langage artificiel : la parole — l'écriture.

I. La parole. — *Théories artificialistes.* — 1° Dieu aurait révélé à l'homme le langage tout formé (de Bonald) ; 2° le langage aurait été inventé, fabriqué de toutes pièces par un homme de génie, qui l'aurait communiqué ensuite aux autres hommes (Démocrite). Ces deux théories se heurtent aux mêmes difficultés : pour communiquer le langage aux hommes, il fallait posséder un moyen de communiquer avec eux, c'est-à-dire un langage, ce qui rendait inutile la révélation supposée.

Théorie de Renan : Le langage est le produit de facultés aujourd'hui disparues. — Il n'y a aucune raison de supposer que l'humanité primitive possédait des facultés qui nous manquent.

Théorie de Max Müller : Le langage primitif aurait été formé de signes artificiels, exprimant des idées abstraites : preuve tirée de l'examen des racines sanscrites. — Mais le sanscrit ne doit pas être regardé comme la langue primitive : ses racines sont les débris d'une langue plus ancienne (Michel Bréal).

L'esprit humain ne s'élève pas d'emblée à l'abstrait et au général. Son premier langage a dû être le langage naturel et concret, formé de cris, d'interjections (langage émotionnel), de gestes imitatifs, d'onomatopées, de gestes vocaux (Lautbilder). Ce langage naturel est devenu artificiel, en vertu de la *loi d'extension du sens des signes par analogie* : Un signe, qui désigne *naturellement* une chose, peut servir à désigner *artificiellement* toute autre chose, ayant avec la première une analogie, si lointaine qu'elle soit. Les signes naturels sont le point de départ de signes artificiels, qui deviennent eux-mêmes le point de départ d'autres signes artificiels, et ainsi de suite, ce qui explique la richesse des langues artificielles actuelles, comparée à la pauvreté du langage naturel primitif.

II. L'écriture. — L'écriture a été d'abord un *langage naturel* : le dessin. Elle était alors *idéographique*, c'est-à-dire qu'elle exprimait les *choses* mêmes. Mais les *choses visibles* seules se prêtaient à l'expression *directe*, à l'aide du dessin; les autres ne pouvaient être exprimées qu'à l'aide de *symboles*. — Plus tard l'écriture est devenue un simple *auxiliaire* de la parole : elle a servi à exprimer, non plus les *choses*, mais les *paroles* ou signes auditifs, à l'aide desquels on exprimait les choses. Elle est donc aujourd'hui un langage au second degré, le *langage d'un langage*.

Le tableau suivant résume l'évolution de l'écriture.

$$\text{Écriture} \begin{cases} \textit{idéographique} \begin{cases} \text{naturelle} \begin{cases} \text{dessin,} \\ \text{dessin symbolique.} \end{cases} \\ \text{artificielle, dessin simplifié, abrégé (hié-} \\ \text{roglyphe).} \end{cases} \\ \textit{phonétique} \begin{cases} \text{syllabique,} \\ \text{alphabétique.} \end{cases} \end{cases}$$

III. — RAPPORTS DU LANGAGE ET DE LA PENSÉE

Double fin du langage : Il est le *moyen de communication* de la pensée, — Il est l'*instrument* de la pensée.

Du langage considéré comme instrument de la pensée.

A) **Services que le langage rend à la pensée.** — Il n'est pas vrai que le langage soit antérieur à la pensée, qu'il la suscite, la fasse naître. Mais la pensée a besoin, pour se constituer et surtout pour se fixer, de s'exprimer dans un langage; en d'autres termes, le langage n'est pas le *principe* de la pensée, mais il en est la *condition*.

1° Il est un *instrument mnémotechnique*. Il sert particulièrement à fixer les idées abstraites, « ces étincelles qui ne brillent que pour mourir ». — « Les mots sont les forteresses de la pensée » (Hamilton).

2° Il est un *instrument d'analyse*. Il n'opère pas lui-même la décomposition de la pensée, mais il force l'esprit à opérer cette décomposition; car il ne peut exprimer que *successivement*, une à une, les pensées qui se présentent à l'esprit *simultanément* ou en bloc.

3° Il est un *instrument de synthèse*. En effet il n'exprime pas seulement les idées dans leur détail il marque encore les *rapports* qu'elles ont entre elles par les conjonctions, les prépositions, l'ordre des mots dans la phrase, etc.

B) **Inconvénients du langage pour la pensée.** — 1° Le *psittacisme* (langage de perroquet), substitution du langage à la pensée. Genèse du psittacisme. On prend l'habitude de ne pas presser le sens des mots, on se contente de l'entrevoir vaguement, de le supposer, sûr, ou croyant l'être, de le retrouver quand on voudra. On devient victime de cette habitude; on ne retrouve plus le sens des mots, même si l'on s'avise de le chercher. On passe donc de la *pensée symbolique* ou *virtuelle* à *l'absence de pensée* ou *pseudo-pensée*.

Non seulement le langage peut ne répondre à aucune pensée, mais, alors qu'il répond à une pensée, il la déforme, la trahit, et cela en vertu de sa nature, car il est défini, arrêté, discontinu, tandis que la pensée est fluide, flottante, continue (Bergson).

Non seulement il y a une disconvenance *naturelle* entre la pensée et le langage, mais encore il y a, par l'effet de *l'éducation*, du défaut ou de l'excès de culture, disproportion entre la pensée et le langage, avance du langage sur la pensée ou avance de la pensée sur le langage.

À tout le moins, le langage est comme un voile, un écran devant la pensée (Berkeley).

2° Le langage est l'occasion et la source d'une illusion fréquente, qui est la *réalisation*, la *personnification* et la *divinisation* des abstractions. Cette illusion est la même à trois degrés différents.

Vie affective (sensibilité).

PLAISIR ET DOULEUR

Le plaisir et la douleur ne peuvent être *définis*, mais on peut en déterminer, 1° les *causes*, 2° les *effets*, c'est-à-dire en établir les *lois*.

Conditions ou causes.

Deux théories : mécaniste, finaliste.

A. **Théorie mécaniste (Aristote).** — Le plaisir est lié à l'activité : il est l'effet ou plutôt l'accompagnement d'une activité *modérée*, proportionnée à nos forces ou facultés, ni trop intense ni trop faible. D'où la division des :

Plaisirs $\begin{cases}\end{cases}$ *positifs* : dépense d'activité, n'excédant pas les forces.
négatifs : repos venant après la fatigue, rétablissant l'équilibre des forces.

Douleurs $\begin{cases}\end{cases}$ *positives* : excès d'activité.
négatives : défaut d'activité, ennui.

B. **Théorie finaliste.** — Le plaisir est ce qui répond aux fins de la vie ; il dérive d'une activité dirigée dans le sens de notre nature, conforme à nos tendances. Autrement dit, c'est la *qualité* ou *nature* de l'activité, non la *quantité* ou le *degré d'intensité*, qui explique le plaisir et la douleur.

Contre cette théorie s'élèvent l'objection des poisons doux (plaisirs nocifs), celle des douleurs violentes pour des désordres légers (ex. : mal de dents) ou insignifiantes et nulles pour des maladies graves (incubation insensible de la phtisie). D'ailleurs le mot *nature* est vague, équivoque. Pour l'être normal, les plaisirs conformes à la nature sont les plaisirs sains. Mais peu d'êtres sont normaux ; beaucoup ont des plaisirs malsains, contraires à la nature normale, mais conformes à leur nature dépravée (ex. : usage des excitants).

C. **Réunion des deux théories.** — Le plaisir est une activité conforme à notre nature et proportionnée à nos forces ; la douleur, une activité contraire à notre nature et disproportionnée à nos forces. Ces lois n'expliquent pas encore tous les plaisirs et douleurs ; elles n'expliquent pas les plaisirs et douleurs *morbides* ; elles n'expliquent pas même tous les plaisirs et douleurs *normaux*.

Effets.

Le plaisir est par nature un tonique, la douleur, un stupéfiant ; mais, exceptionnellement, la douleur peut être un stimulant, le plaisir, un déprimant.

Rôle.

Le plaisir n'a pas à être justifié, mais la douleur aurait besoin de l'être. Elle est, dit-on, *salutaire*. Elle joue le rôle de sentinelle. De plus elle est l'assaisonnement du plaisir. Enfin elle est liée à l'intelligence : plus un être est intelligent, plus il souffre. Elle est la rançon de la culture. Cette théorie dans l'ensemble est tendancieuse. Les fins de la nature nous échappent ; nous lui en prêtons qu'elle n'a pas. Du point de vue psychologique, la douleur est un fait, voilà tout.

ÉMOTION

Le mot *émotion* a été pris en des sens divers : 1° comme synonyme de plaisir et de douleur ; 2° comme désignant un état distinct du plaisir et de la douleur, *actif* ou *moteur* par nature (*de movere*), tandis que le plaisir et la douleur sont *passifs*. Ce dernier sens a prévalu.

Théorie physiologique (James-Lange). — Elle consiste à substituer à l'étude introspective de l'émotion l'observation des mouvements organiques qui l'accompagnent, paraissent la suivre, en être l'effet, en réalité la précèdent, en sont la condition ou la cause, tout au moins en constituent l'élément essentiel.

Arguments : 1° Sans les réactions organiques, pas d'émotion ou rien qu'une émotion pâle, décolorée, qu'un *état intellectuel*, une perception froide.

Les réactions organiques suffisent à produire l'émotion.

Plus les réactions organiques sont étendues, complexes et intenses, plus l'émotion est forte.

2° L'émotion n'est que la conscience des réactions organiques.

3° L'ordre réel des phénomènes est le suivant : *a*) perception, *b*) réactions organiques, *c*) émotion proprement dite. Ex. : *a*) la vue d'un danger, *b*) le tremblement, la chair de poule, etc., *c*) la peur.

Critique. — Si la conscience des réactions organiques fait partie de l'émotion, elle ne la constitue pas tout entière. Dans l'émotion entre l'idée de l'événement heureux ou malheureux, et cette idée est au premier plan dans la conscience. Il est absurde de dire que la douleur d'une mère qui pleure son enfant n'est que la conscience qu'elle a de ses pleurs, de ses sanglots, de son trouble organique ; elle est aussi, et avant tout, la conscience de son malheur.

Division. — Émotions { stimulantes (ex. : colère). { déprimantes (ex. : peur).

LA SYMPATHIE ET L'IMITATION

Définition. — *La sympathie est*, au sens propro, non pas l'affection ou l'attrait d'une personne pour une autre, mais la communication directe, immédiate des sentiments d'une personne à une autre, d'un mot, *la contagion des sentiments*.

Tous les sentiments, quels qu'ils soient, d'amour ou de haine, agréables ou pénibles, sont contagieux (ex. : la peur contagieuse ou *panique*, la colère, la cruauté, la sauvagerie contagieuse, le *lynchage*).

L'imitation est aux actes ce que la sympathie est aux sentiments ; c'est *la contagion des actes*.

Tous les actes, quels qu'ils soient, attitudes, gestes, jeux de physionomie, etc., sont contagieux (ex. : le bâillement, le rire, les larmes, l'intonation ou l'accent, les manières, etc.).

Sympathie et imitation. — 1° *La sympathie est réductible à l'imitation*, si l'on adopte la théorie physiologique, d'après laquelle l'émotion est l'effet des réactions organiques et la conscience de ces réactions. C'est ce que confirme l'expérience de Campanella : pour entrer en sympathie avec les émotions d'une personne, il suffit d'imiter son attitude, ses gestes, etc.

2° *La sympathie est distincte de l'imitation*, si l'on rejette la théorie physiologique.

En réalité la sympathie et l'imitation sont distinctes, mais intimement liées et complémentaires l'une de l'autre.

Lois de la sympathie.

I. — Conditions ou causes :

1° *motrices* : Pour éprouver par contagion les émotions, il faut et il suffit de reproduire les mouvements liés à ces émotions.

2° *intellectuelles* : Pour entrer dans les sentiments d'autrui, il faut être capable d'imaginer ces sentiments, et il est bon pour cela de les avoir éprouvés soi-même.

II. — Effets. — La sympathie renforce, exalte les sentiments. De là la violence des foules.

Lorsque deux personnes éprouvent des sentiments contraires, la sympathie, qui a pour effet de les mettre à l'unisson, atténue les sentiments de l'une et de l'autre : le joyeux refoule sa joie et le triste, sa tristesse. Ex. : *les deux Cortèges*, de **J. Soulary.**

INCLINATIONS

Définition. — L'inclination est une tendance *naturelle* et *impérieuse* vers une fin. Elle est donc à la fois un *mode d'activité* et un *besoin*.

Caractères. — L'inclination est :

1º *innée* ;
2º *spécifique* ;
3º *fixe* ou *périodique*, c'est-à-dire revenant à intervalles réguliers. Ex. : l'appétit, le besoin de manger et de boire.

Rôle. — L'inclination est le principe du plaisir et de la douleur, de l'émotion et de la passion.

Théorie unitaire. — Une inclination unique, d'où dérivent et à laquelle se ramènent toutes les autres. Exemple : la *théorie de la Rochefoucauld* : Tous les sentiments se ramènent à l'amour-propre ou amour de soi. Les sentiments en apparence désintéressés (l'amitié, la pitié, la générosité, la modestie) sont des manifestations, des formes variées, des métamorphoses de l'amour-propre.

Critique. — Cette théorie renferme une part de vérité : il entre de l'amour-propre dans tous nos sentiments. Elle est même entièrement vraie, appliquée à l'*amour-propre—passion* : l'amour de soi, porté à l'excès, devient en effet exclusif, jaloux, comme toutes les passions ; il étouffe les autres sentiments ou les ramène à lui. Mais cette théorie est fausse, appliquée à l'*amour-propre—inclination* ; cet amour-propre peut coexister avec d'autres inclinations ; il n'est pas non plus, comme le conçoit La Rochefoucauld, nécessairement subtil, raffiné, raisonneur ; il peut être simple, naïf et modéré.

Théorie de la multiplicité ou diversité des inclina-

tions. — L'homme est un être complexe ayant des inclinations diverses lesquelles se divisent ainsi :

Inclinations.	personnelles se rapportant	au corps (appétits, besoins).	autant d'appétits que de fonctions	Nutrition : besoin de manger, boire, respirer, etc. Reproduction : appétit sexuel. Relation : besoin d'agir, de se mouvoir, de voir, d'entendre, etc.
		à l'âme (inclinations proprement dites).	autant d'inclinations que de facultés.	Intelligence : besoin de connaître sous toutes ses formes. Sensibilité : besoin d'affection, de tendresse. Volonté : besoin d'agir.
	Sociales ou altruistes	domestiques. Tous les sentiments de famille, amour paternel, maternel, filial, fraternel, etc. patriotiques. philanthropiques ou humanitaires.		

Les inclinations, dites *impersonnelles*, comme l'amour de la science, de la vérité, peuvent être ramenées aux inclinations *personnelles* ou *sociales* : on aime la science, en effet, pour le plaisir d'exercer *son intelligence*, ou pour *sa valeur sociale*. L'amour de la science *pour elle-même* est donc un *phénomène de transfert* : on transporte à la science les sentiments (personnels ou altruistes), éprouvés à l'occasion de la science.

PASSION

Définition. — La passion est une inclination développée à l'excès, violente, exclusive, pervertie et déviée.

Caractères. — Elle est distincte :

1° *de l'émotion*. — L'émotion est *passagère*, la passion est *durable*.

L'émotion est toujours *violente, impulsive* et *explosive*; la passion peut être *froide* et *raisonnée, calme* et *contenue*.

La passion serait même en raison inverse de l'émotion. L'émotion et la passion s'excluraient. Cela est faux : il y a des passionnés violents aussi bien que des passionnés à froid. La passion n'exempte pas de l'émotion; elle a aussi ses éclats, ses explosions.

2° de l'*inclination*. — L'inclination est *naturelle, primaire*, la passion est *acquise, secondaire*.

L'inclination est *simple*, la passion *complexe*.

L'inclination est *modérée*, aisée à satisfaire, la passion est *exigeante, tyrannique*.

Plusieurs inclinations peuvent exister ensemble; la passion est *exclusive*, jalouse.

Causes de la passion.

I. — **Externes ou sociales.** — 1° *physiques*: le climat, le régime, etc.

2° *sociales* proprement dites : le milieu, l'exemple, la mode, l'occasion ou les tentations, etc.

II. — **Internes ou individuelles**: Tempérament, hérédité.

Genèse de la passion.

Ses facteurs :

1° l'*imagination* : elle maintient constamment devant l'esprit l'objet de la passion, le prend pour point de départ et pour centre de ses rêves, l'*idéalise*, le pare de toutes les qualités, de toutes les vertus (la *cristallisation* de Stendhal);

2° le *raisonnement* { raisonnement de justification (sophismes de la passion), raisonnement constructif (plans ou combinaisons de la passion);

3° la *volonté* : elle est responsable de la passion, soit parce qu'elle ne lutte pas contre elle, quand elle le pourrait, au début: *Principiis obsta*, soit parce qu'elle se fait la complice de la passion, la sert.

Classification des passions. — Le nombre des passions est indéfini. Il y en a autant de possibles que d'inclinations, et davantage. On peut distinguer : 1° des passions *de tête* ou intellectualisées et des passions *organiques* ou animales; 2° des passions par lesquelles on *trompe* et par lesquelles on *satisfait* le besoin naturel, les unes, *exagération*, les autres *déviation* de l'instinct; 3° des passions *dynamiques*, comme l'ambition, et *statiques*, comme l'avarice. Toutes ces classifications sont à quelque degré artificielles.

La volonté.

Définition. — La volonté, en général, est toute activité dirigée vers une fin.

Si cette fin est consciente, on a la *volonté* proprement dite.
—   inconsciente, on a *l'instinct.*
—   d'abord consciente, puis inconsciente, on a
                    l'*habitude.*

INSTINCT

Définition. — L'instinct est une activité *machinale* et *aveugle.*
Voyons en quel sens il est : 1° machinal, 2° aveugle.

1° Selon Descartes, l'animal est une *machine*, ses actes sont
automatiques, inconscients. Selon Spencer, l'instinct est un acte
réflexe composé, ou un système d'actions réflexes, et de telles
actions sont encore automatiques, inconscientes. Bien plus, on
trouve l'ébauche et le germe de l'instinct dans les mouvements
des plantes, produits par des actions physiques (*tropismes*). —
Ces théories sont fausses. L'animal n'est pas une pure machine,
il est doué de *conscience*. L'acte réflexe, auquel on ramène
l'instinct, s'il n'est pas lui-même *conscient*, peut le devenir.
Enfin ou les *tropismes* sont des actions purement physiques et
ne rentrent pas dans l'instinct, ou ils sont des *mouvements
spontanés* de la plante et alors ne sont pas de simples actions
physiques.

2° L'instinct est *aveugle*, c'est-à-dire ignorant de sa fin, mais
non pas des actes qu'il accomplit pour atteindre cette fin.

CARACTÈRES DE L'INSTINCT

	EXEMPLES	EXCEPTIONS
1° Ignorance du but.	Le nécrophore assurant la nourriture de ses larves qu'il ne verra pas éclore.	*Actes concertés* de l'animal. Ces actes relèvent de l'intelligence, non de l'instinct.
2° Perfection immédiate.	Le poussin, au sortir de l'œuf, trottine, becquète les graines.	Certains instincts sont acquis. L'oiseau apprend à ses petits à voler.
3° Immobilité.	Les mœurs des abeilles n'ont pas varié depuis Virgile.	Les abeilles en réalité ont modifié leurs instincts. Au voisinage des raffineries, elles pillent le sucre et ne butinent plus. Les oiseaux emploient le crin dans la construction de leurs nids depuis l'importation du cheval.
4° Uniformité ou spécificité.	Tous les oiseaux d'une même espèce construisent leurs nids de la même façon.	Les hirondelles de Corée n'émigrent pas.
5° Spécialité.	L'oiseau ne sait construire que son nid, le castor que sa digue.	Adaptation de l'instinct à des circonstances nouvelles en certains cas.
6° Infaillibilité.	L'ammophile paralyse le ver gris, de neuf coups de stylet, transperçant les ganglions du ver. Pas de tâtonnements ni de maladresses.	Il arrive à l'ammophile de tuer le ver ou de ne pas l'atteindre juste où il doit le frapper.

Division :

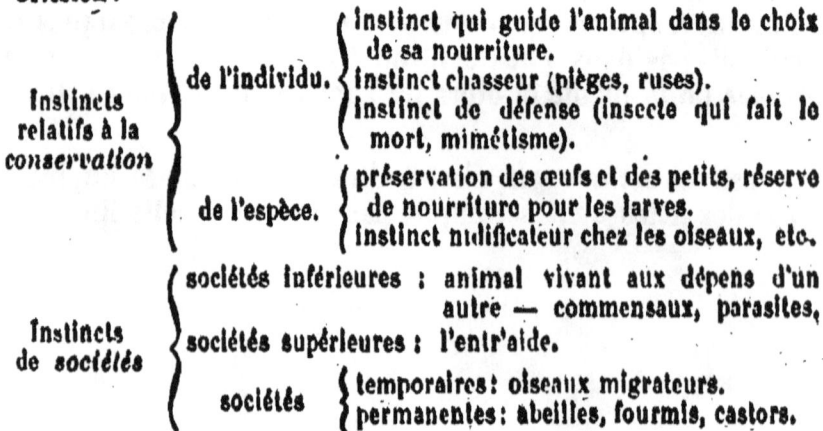

Instincts relatifs à la *conservation*

de l'individu. { Instinct qui guide l'animal dans le choix de sa nourriture. / Instinct chasseur (pièges, ruses). / Instinct de défense (insecte qui fait le mort, mimétisme).

de l'espèce. { préservation des œufs et des petits, réserve de nourriture pour les larves. / Instinct nidificateur chez les oiseaux, etc.

Instincts de *sociétés*

sociétés inférieures : animal vivant aux dépens d'un autre — commensaux, parasites.

sociétés supérieures : l'entr'aide.

sociétés { temporaires: oiseaux migrateurs. / permanentes: abeilles, fourmis, castors.

Nature et origine de l'instinct. — Deux théories : L'instinct est inné. *Innéisme.*

L'instinct est acquis. *Empirisme.*

Théories empiristes.

A) L'instinct est une *habitude individuelle* (Condillac). Théorie manifestement insuffisante, la plupart des instincts naissant tout formés.

B) L'instinct est une *habitude contractée par l'espèce, transmise héréditairement* aux individus (Darwin, Spencer). — L'hérédité explique la *transmission*, mais non l'*origine* de l'instinct.

A l'origine de l'instinct serait l'*intelligence*. L'instinct est une intelligence dégradée, éteinte. Hypothèse difficile à admettre. Comment l'intelligence s'est-elle à ce point retirée de l'animal, qu'elle a inspiré d'abord? — Selon Darwin, des « variations spontanées » se produisent chez les êtres vivants. Quand elles sont avantageuses, ces variations assurent la conservation des êtres chez qui elles se rencontrent (*sélection naturelle, survivance des plus aptes*). Reste à expliquer les variations spontanées. Il ne suffit pas de constater le fait, d'invoquer le hasard.

Il semble qu'il faut toujours recourir à l'intelligence pour expliquer l'instinct, à moins de concevoir l'instinct comme intermédiaire entre la matière et la pensée, comme une pensée aveugle ou une matière intelligente.

VOLONTÉ

Définition. — La volonté est une activité intelligente et libre.

Analyse de l'acte volontaire. — Trois moments ou phases.

	Représentation de l'acte à produire et de ses suites.
Délibération (de *libra*, mise en *balance* des motifs).	Examen et comparaison des *motifs* et *mobiles*. Les motifs sont d'ordre intellectuel ; les mobiles, d'ordre affectif. Il s'agit d'établir la valeur respective des uns et des autres, de les *peser.*

Décision (de *decidere*, trancher). { La délibération est une opération intellectuelle complexe, qui souvent se prolonge, même indéfiniment, sans conclure. La décision au contraire est un acte simple, indécomposable, qui s'exprime par *oui* ou par *non*, et met fin à la délibération.

Exécution. — C'est l'accomplissement matériel de la décision prise.

Ces trois moments de l'acte volontaire ont une indépendance relative. Cependant ils se succèdent normalement et se complètent.

De cette analyse il ressort :

1° que la volonté suppose l'intelligence : en effet, il n'y a pas volonté sans connaissance du but, examen des motifs, délibération, et la volonté est d'autant plus parfaite et plus entière qu'elle est plus éclairée, mais qu'elle ne se réduit pas cependant à l'intelligence, car on peut délibérer sans prendre parti, éclairer une question sans la trancher ou la résoudre;

2° que la volonté de même suppose la sensibilité, le désir : un être sans penchants n'agirait pas; mais qu'elle ne se ramène pas cependant à la sensibilité, car on voit qu'elle s'oppose souvent aux penchants, et est d'autant plus parfaite, plus ferme qu'elle y résiste mieux;

3° que la volonté suppose la liberté, ou du moins la croyance à la liberté. En effet elle implique la délibération; or on ne délibère que sur les choses qui dépendent de la volonté, à l'égard desquelles on se croit libre; dans la décision même, on a le sentiment, fondé ou non, de prendre librement parti.

Division. — Deux formes de la volonté :

{ *positive*, pouvoir d'impulsion, *volonté*, s'exprimant par *volo*.
{ *négative*, pouvoir d'arrêt, *nolonté*, — *nolo*.

LA VOLONTÉ ET LE CARACTÈRE

Définition. — Le caractère d'un homme, c'est, comme l'indique le mot, sa caractéristique, ce qui le distingue d'un autre. Deux méthodes pour déterminer le caractère :

Nature du caractère. — 1° *Méthode analytique ou descriptive*. — Le caractère sera défini par le *détail* des *particularités* physiques, intellectuelles, morales, etc. Cette méthode, analogue à l'établissement des *fiches anthropométriques*, est simple, d'un emploi commode, mais risque d'aboutir à la confusion : la multiplicité des détails nuit à l'ensemble, les arbres cachent la forêt.

2° *Méthode synthétique*. — Le caractère est exprimé par l'ensemble des *particularités* ou mieux encore par le *trait essentiel*, *dominant* d'une physionomie morale.

Ces deux méthodes sont également fondées, mais chacune d'elles, prise à part, est étroite, exclusive; elles doivent être employées simultanément et complétées l'une par l'autre.

Dans le caractère nous distinguerons :

la *matière*, c'est-à-dire les éléments constituants;

la *forme*, c'est-à-dire l'arrangement ou disposition de ces éléments, leur organisation.

Les
éléments
sont

{
physiologiques : le tempérament, l'hérédité, ce qu'on appelle la *nature* ou le *naturel*.

psychologiques {
l'intelligence, la forme d'esprit,
la sensibilité,
la volonté.
}
}

La *forme* est la loi qui préside à l'organisation de ces éléments, à leur hiérarchie ou équilibre, qui décide de leur importance relative, qui en forme un *système* particulier, original.

Division. — Classification des caractères, fondée sur celle des tempéraments, distingués eux-mêmes d'après les *humeurs* (Galien).

Caractères {
bilieux. Réactions aux émotions, promptes et fortes		
mélancolique.	—	, lentes —
sanguin	—	, promptes et faibles
flegmatique.	—	, lentes —
}

Origine du caractère.

Deux théories :

1° Le caractère est inné et fatal; il ne change pas, ou, s'il change, c'est suivant des lois nécessaires.

2° Le caractère est essentiellement modifiable et ses modifications sont soumises à l'action de la volonté.

Ces deux théories extrêmes, l'une d'après laquelle l'homme ne peut rien, l'autre d'après laquelle il peut tout sur son caractère, sont également fausses.

En réalité, il y a dans le caractère des éléments naturels et immuables et des éléments modifiables et volontaires, et c'est dans ces derniers que réside le caractère proprement dit, lequel peut être défini la volonté s'emparant de la nature, la soumettant à ses lois, la disciplinant, la réglant.

HABITUDE

Définition. — L'habitude est une *modification durable*, apportée à la *nature* d'un être par les actions que cet être exerce ou subit. Elle *s'oppose à la nature*, puisqu'elle est donnée comme une *transformation de la nature* et qu'elle est *acquise*, tandis que la nature est *innée*. Mais elle *suppose la nature*, ou plutôt une certaine nature, qui se prête au changement, qui est modifiable, *plastique*; de plus, elle est, comme la nature, *permanente, stable*; c'est une *seconde nature*. — L'habitude est ainsi définie *en elle-même* et *quant à ses effets*. Elle est définie par *sa cause*, quand on dit qu'elle provient *d'actes répétés ou continués*.

Lois de l'habitude.

A) **Portée de ces lois.** — Deux théories : 1° L'habitude s'étend à tous les êtres, même inorganiques; elle est un cas particulier de la loi d'*inertie* : Tout être tend à persévérer dans son être et dans ses manières d'être. — 2° L'habitude est une loi biologique; elle n'appartient qu'aux êtres vivants, animaux et plantes.

B) **Énoncé de ces lois.** — I. CONDITIONS OU CAUSES DE L'HABITUDE. — a) *Physiologiques* : L'habitude est une voie de décharge nerveuse créée dans le cerveau, voic que certains courants tendent désormais à prendre comme voie de sortie.

b) *Psychologiques.* — L'habitude naît de la *répétition* des actes ou des impressions; mais la *répétition* renforce l'habitude plutôt qu'elle ne l'engendre, car, pour qu'elle l'engendre, il faut que celle-ci soit déjà contenue en germe, ébauchée dans le *premier acte. L'habitude commence donc avec le premier acte;* bien plus, il suffit parfois, dans des conditions privilégiées, d'un acte unique pour la produire; enfin le rôle de la répétition paraît être, non de produire l'habitude, mais de fournir à l'habitude l'occasion de naître, c'est-à-dire de ménager les rencontres heureuses où l'on saisit, où l'on « attrape » le mouvement à faire; *l'habileté* à saisir ce mouvement crée aussitôt et d'emblée *l'habitude* de l'exécuter. Théorie analogue pour *l'accoutumance* aux impressions. Celle-ci est un mouvement approprié, un acte d'adaptation de l'organe aux excitations du dehors.

II. Effets de l'habitude. — a) *Physiologiques* : transformation de l'organe par la fonction.

b) *Psychologiques.* — Ces effets peuvent se décomposer ainsi :

Effets	**sur la sensibilité**	*sur les sensations.* L'habitude émousse en un sens toutes les *sensations* (sons, saveurs, odeurs, contacts, etc.), tend à les faire disparaître, mais développe et affine la *sensibilité* par rapport à ces sensations, en un autre sens; ex. le dégustateur perçoit mieux les saveurs, etc.
		sur les sentiments. Elle affaiblit de même les *sentiments*, mais développe le *besoin* d'affection.
	sur l'activité	L'habitude crée le *besoin* d'agir, la tendance à répéter les actes accomplis;
		L'habitude crée l'*aptitude* à agir, l'*habileté* : elle « simplifie et perfectionne les mouvements, diminue la fatigue » (W. James).

		L'habitude diminue ou dégrade la conscience.

Effets { sur la conscience. }

L'habitude diminue ou dégrade la conscience.

L'habitude créé une *association* d'actes (ABCDE) : l'attention, d'abord donnée à chacun de ces actes, pris séparément, n'est plus finalement donnée qu'à la *série* entière ou plutôt au terme *initial* et *final* de la série (A, E). L'attention se retire d'actes que l'habitude a rendus automatiques, c'est-à-dire tels qu'ils s'exécutent d'eux-mêmes, sans que l'esprit y préside.

Rôle de l'habitude. — *Son importance en éducation.* — L'habitude, en rendant automatiques certains actes, rend par là même à l'esprit sa liberté, par rapport à ces actes, lui permet de porter son attention sur d'autres et étend ainsi son champ d'action. — Mais elle peut être elle-même une servitude, un joug. — D'où nécessité de ne laisser prendre à l'esprit et au corps que des habitudes *utiles* et de garder intact le pouvoir de contracter des habitudes nouvelles, ou la *plasticité* naturelle.

Conclusions.

LE PHYSIQUE ET LE MORAL

On peut se proposer d'étudier : 1° la *distinction* du physique et du moral (v. plus haut Distinction des faits psychologiques et physiologiques); 2° leurs *rapports* : ces rapports ont été étudiés à l'occasion de tous les faits psychologiques. On peut les rappeler ou récapituler.

Deux questions : I. **Influence du physique sur le moral.** — Elle se décompose ainsi : influence du climat, du régime, du tempérament, de l'hérédité, de l'âge, du sexe, de la maladie, etc. — D'une façon générale, le cerveau est en relation avec la pensée : pas de pensée sans cerveau. Au développement du cerveau (volume, poids du cerveau, nombre des circonvolutions, etc.) répond le développement de la pensée. — D'une façon plus précise, chaque faculté ou fonction psychique a son centre cérébral (ex. : le langage articulé).

II. Influence du moral sur le physique. — Citons en particulier le *pouvoir moteur* de l'idée, le *vertige mental*, l'action impulsive de l'imagination, des passions, de la volonté, l'action inhibitrice ou frénatrice de la réflexion, du raisonnement.

Les phénomènes psychologiques et physiques sont conçus tantôt comme se *développant parallèlement* (*parallélisme psycho-physique*), tantôt comme réductibles les uns aux autres (V. *Métaphysique*).

L'AUTOMATISME PSYCHOLOGIQUE

L'automatisme semble exclure la conscience. On peut parler cependant d'un *automatisme psychologique* ou *conscient*, si par là on entend des faits psychologiques se déroulant à la façon d'un mécanisme, en dehors du contrôle de la volonté et de la raison. Ainsi l'idée se convertit naturellement en *acte*, est productrice de mouvements (ex. : le vertige), elle engendre aussi naturellement la *croyance* (hallucination). C'est ce qu'on observe dans le somnambulisme, le rêve, la rêverie. Le déroulement automatique des images apparaît encore d'une façon plus saisissante dans la *sympathie* et l'*imitation*, dans la *suggestion* l'*auto-suggestion*, dans l'*hallucination*, la *folie* et autres faits morbides, où se montre l'exagération ou le grossissement des lois *naturelles* des images.

L'IDÉE DU MOI

Au sens large, le *moi* comprend : mon corps, — tout ce qui est *mien* (mes vêtements, ma maison, etc.), — tout ce qui me touche, tout ce qui se rattache à moi (ma famille, mes amis, mes relations). Au sens étroit, le *moi* désigne le *moi conscient*, par opposition au moi physique, à l'organisme, le *moi individuel*, par opposition au moi social et au moi extérieur, au monde (*non-moi*). Il faut prendre le mot *moi* au sens étroit, mais sans méconnaître les rapports du moi conscient au moi physique et du moi individuel au moi social.

ESTHÉTIQUE

Notions d'esthétique.

Définition. — L'esthétique est la science du beau.

Division. — Elle traite : 1° du beau en lui-même, de ses conditions, de ses caractères et de sa nature; 2° de l'art, entendu comme la réalisation du beau par l'homme.

I. — LE BEAU

Deux méthodes pour la détermination du beau : *objective, subjective.*

La *méthode objective* consiste, étant données les beautés de la nature ou les œuvres de l'art, à les analyser en vue de dégager leurs caractères communs. L'ensemble de ces caractères constitue le beau. La *méthode subjective* consiste, étant donnée une beauté naturelle ou une œuvre d'art, non plus à analyser ses caractères, mais à définir l'impression qu'elle produit sur nous.

La première méthode semble la plus scientifique; par malheur elle est inapplicable : la beauté se présente sous tant de formes qu'on ne saurait les ramener à l'unité, et elle a tant de caractères qu'on ne saurait les réunir tous. Considérons, en effet, les définitions obtenues par cette méthode, par exemple celles-ci : *le beau, c'est l'unité dans la variété* ou *l'ordre, c'est l'invisible manifesté par le visible* ou *l'expression.* Elles sont à la fois *trop étroites* (Que de choses belles qui manquent de *variété,* ex. : la lande, le désert; ou *d'unité,* ex. : une forêt vierge ! Que de belles œuvres qui sont inexpressives ou peu expressives, ex. : la statuaire grecque !) et *trop larges* (Que de choses, répondant à la formule, aux règles ou à la définition du beau, ne sont pas belles!).

Analysons l'impression que la beauté fait sur nous, l'émotion qu'elle nous cause. Cette émotion est un sentiment de plaisir, d'admiration, de joie. Elle est d'ordre à part : il y entre des éléments sensibles et des éléments intellectuels, elle est liée à une *activité désintéressée* ou *jeu*. Quand un être exerce ses facultés pour le plaisir de les exercer, par jeu, la joie qu'il goûte est de nature esthétique : il y a beauté partout où il y a jeu, et là seulement où il y a jeu. Ex. : le spectacle tragique plaît, parce qu'irréel ou en tant qu'irréel. Cette théorie est généralement acceptée ; elle appelle quelques réserves. Le désintéressement n'est pas le caractère propre de l'art ; il appartient aussi à la science. L'art n'est pas dilettantisme ou jeu ; il est sérieux, à sa manière ; il l'est plus que la vie même, en un sens. Toute théorie du beau a donc ses lacunes, ses difficultés.

II. — L'ART

Définition. — L'art est la réalisation du beau par l'homme.
Deux théories de l'art : *réalisme* ou *naturalisme*, — *idéalisme*.

Réalisme.

Le beau, c'est l'imitation de la nature, la reproduction exacte et fidèle de la réalité. Cette thèse se réfute par l'absurde : à ce compte, la photographie serait supérieure au dessin, le moulage à la sculpture, le compte rendu de cour d'assises au drame. Elle est d'ailleurs en contradiction avec la théorie du *jeu* de Schiller, ou plutôt elle en est l'antithèse : la beauté, en effet, consisterait à se rapprocher de la réalité, tandis que, pour Schiller, elle n'existe qu'à la condition de s'en distinguer. De plus l'observation contredit le réalisme. L'art est en fait toujours une interprétation et non une simple reproduction de la réalité. Les réalistes eux-mêmes reconnaissent son caractère subjectif : « L'art, dit Zola, c'est *la réalité vue à travers un tempérament* ». De tout temps on a opposé la science à l'art, l'une comme impersonnelle ou objective, l'autre comme portant la marque de l'individualité. Cf. Bacon : *Ars homo additus naturæ*.

Idéalisme.

L'art s'éloigne de la réalité, la transforme. Sa seule raison d'être est de nous transporter au delà du réel ; son objet est l'idéal. Poussée à l'excès, cette théorie serait fausse : l'idéal doit avoir son point de départ et son point d'appui dans le réel ; il ne doit pas être le romanesque, la fiction.

L'objet véritable de l'art est donc l'idéal, si par là on entend le réel épuré, agrandi, et ainsi il y a un fond de vérité dans les deux théories contraires. La parole célèbre : « Le beau est la splendeur du vrai », exprime la vérité contenue dans le réalisme et l'idéalisme et les concilie tous deux.

LOGIQUE

Définition. — Étymologiquement, la logique (de λόγος, discours, pensée) est l'étude des lois de la pensée. Mais cette définition est vague, trop générale, elle s'appliquerait aussi bien à la psychologie et à la grammaire qu'à la logique. En fait, la *logique est l'étude des lois ou conditions de la pensée valable*, comme la *morale est l'étude des lois de la conduite droite, honnête.*

Il suit de là qu'elle est une science à part, à savoir : 1° une science *normative* ou de l'*idéal*; 2° une science *pratique* ou un *art* (Port-Royal l'appelle l'*art de penser*).

Division. — La logique se divise en : logique *pure, formelle* ou *générale*, et logique *appliquée* ou *spéciale*.

Logique.
- **pure, formelle :** étude des lois de la pensée, considérée en *elle-même,* abstraction faite des objets **ou** auxquels elle s'applique, ou encore considérée dans sa *forme,* abstraction faite de sa *matière.*

- **générale :** étude des lois de la pensée en général, quels que soient les objets auxquels elle s'applique.

- **appliquée :** étude des lois de la pensée, considérée dans **ou** ses rapports avec l'objet auquel elle s'applique.

- **spéciale :** étude des lois de la pensée, considérée comme se rapportant à tel ou tel objet, à telle ou telle science déterminée (*méthodologie*).

I

LOGIQUE FORMELLE

Division. — La logique formelle traite des trois opérations de l'esprit :

l'*idée* ou *terme*;
le *jugement* ou *proposition*;
le *raisonnement*.

I. — IDÉE OU TERME

Définition. — L'idée est la représentation d'une *chose* (ex. : tableau) ou d'une *qualité* (ex. : noir), en dehors de toute affirmation ou négation relativement à cette chose ou à cette qualité.

Il suit de là qu'une idée n'est ni *vraie* ni *fausse*; en tant que je conçois le tableau, sans en rien affirmer, pas même qu'il existe, il est clair en effet que je ne me trompe pas, que je suis en deçà de l'erreur, comme de la vérité. Mais une idée est *concevable* (ex. : un carré) ou *inconcevable* (ex. : un cercle carré), suivant qu'elle est formée d'éléments logiquement assemblés, compatibles ou incompatibles entre eux.

L'idée énoncée s'appelle *terme*.

Division. — Les idées se divisent, au point de vue de leur *valeur logique*,

en

claires et obscures

une idée *claire* est une idée qu'on distingue aisément d'une autre.

une idée *obscure* est une idée qu'on ne distingue pas d'une autre.

distinctes et confuses

une idée *distincte* est une idée que non seulement on distingue aisément d'une autre, mais encore dont on distingue ou aperçoit clairement les éléments.

une idée *confuse* est le contraire. Il suit de là qu'une idée *claire* peut être *confuse*. Ex. : l'idée de *rouge* est *claire* pour le vulgaire, qui la distingue aisément du *bleu*, mais *distincte* seulement pour le physicien qui sait quels éléments entrent dans cette idée.

COMPRÉHENSION ET EXTENSION

Définition. — La compréhension d'une idée est l'ensemble de ses *qualités* ou *attributs*. L'extension d'une idée est l'ensemble des *êtres* auxquels elle s'applique.

L'extension et la compréhension sont en raison. inverse l'une de l'autre; autrement dit, plus une idée a de caractères, est complexe, plus sa sphère d'application est étroite, plus est réduit le nombre des êtres auxquels elle convient, et, inversement, plus une idée est simple, plus elle est générale; moins elle a de caractères, plus il y a d'objets auxquels elle s'applique.

Division. — Les idées se divisent :

au point de vue de l'*extension* en	*universelles* : Une idée *universelle* est une idée prise dans *toute* son extension (ex. : *tous* les hommes).
	particulières : Une idée *particulière* est une idée prise dans une *partie* de son extension (ex. : *quelques* hommes).
	singulières : Une idée *singulière* est une idée *individuelle* (ex. : *tel* homme, Socrate).
au point de vue de la *compréhension* en	*simples* : une idée *simple* est une idée qui a peu de caractères (ex. : être).
	complexes : une idée *complexe* est une idée qui a beaucoup de caractères (ex. : animal, homme).

L'analyse des idées, au point de vue de la compréhension, est la **définition.**

L'analyse des idées, au point de vue de l'extension, est la **division.**

DÉFINITION

Définition. — Définir une idée (ou un terme), c'est indiquer ce qu'elle a *de commun* (*genre*) avec d'autres idées et ce qui l'en *distingue* (*différence*).

Règles. — I. La définition doit se faire par l'*essence*, non par l'*accident*; elle ne doit pas énumérer *tous les caractères*, mais indiquer seulement les caractères *essentiels* ou *fondamentaux*. Il suit de là qu'elle doit être *courte*. Définir n'est pas *décrire*.

II. La définition doit convenir à *tout le défini et au seul défini* (*toti et soli definito*). Il suit de là qu'on peut substituer la définition au défini ou que la définition est une proposition *réciproque*.

III. La définition doit contenir le *genre prochain* et la *différence spécifique*.

Application de ces règles. — Quand je définis l'*homme un animal raisonnable*, j'indique le *genre le moins éloigné* auquel l'*espèce* homme appartient (*animal*), et le caractère par lequel cette espèce *diffère* des autres espèces du genre (*raisonnable*, IIIᵉ règle); ma définition s'applique *à tous les hommes* et ne s'applique *qu'aux hommes* (IIᵉ règle); elle est donc *réciproque*, c'est-à-dire qu'au lieu de dire : l'homme est un animal raisonnable, je puis dire : un animal raisonnable est un homme; enfin le caractère *raisonnable* n'est pas seulement propre à l'homme; il est fondamental chez l'homme, il constitue son essence (Iʳᵉ règle).

Division. — Les définitions sont de deux sortes :

a) Définitions de *mots*. Leurs caractères : elles sont *libres*, *incontestables* et peuvent servir de *principe* (Pascal). Leur usage : elles préviennent les discussions ou y mettent fin.

b) Définitions de *choses*. Leurs caractères. Tout opposés : ni *libres*, ni *incontestables*, etc. Leur usage : sont plutôt une conclusion, le résumé d'une observation qu'un principe de raisonnement.

Usage des définitions en général. — Elles sont ou le *point de départ* ou le *terme* de la science.

DIVISION

Définition. — Diviser une idée (ou un terme), c'est indiquer à combien d'êtres ou d'objets différents elle s'applique.

Règles. — I. La division doit reposer sur un *principe unique.*
II. Elle doit être *complète*.
III. Les termes en doivent être *irréductibles*.

Application de ces règles. — Quand je divise les gouvernements en monarchie, oligarchie, démocratie, je me réfère à un *principe* unique, j'ai uniquement en vue le nombre des gouvernants par rapport à celui des gouvernés; ma division est *complète*; les termes en sont *irréductibles* : la démocratie ne rentre pas dans l'aristocratie, puisque dans l'une, c'est le grand nombre, dans l'autre, c'est le petit nombre qui gouverne.

Usage. — L'usage de la division est d'éclaircir les questions. Mais l'abus des divisions devient une cause de confusion. *Quidquid in pulverem sectum est, confusum est.*

II. — JUGEMENT OU PROPOSITION

Définition. — Juger, c'est affirmer une chose d'une autre (Aristote).

Ce dont on affirme est le *sujet.*

*Ce qu'*on affirme est l'*attribut.*

Ce qui marque l'affirmation est le *verbe.*

On dit encore que juger, c'est percevoir et affirmer un rapport entre deux idées (le sujet et l'attribut). Le mot qui exprime ce rapport est la *copule* (de *copula,* lien).

Le rapport que le jugement a pour objet d'établir entre le sujet et l'attribut est un rapport d'extension et de compréhension. Ainsi dire : l'homme est un animal, c'est dire qu'il rentre dans la classe des animaux (rapport d'extension); dire qu'il est animal, c'est dire qu'il a pour caractère ou attribut l'animalité (rapport de compréhension). Tout jugement exprime à la fois ces deux rapports, mais l'un plutôt que l'autre, suivant les cas.

Division des jugements aux points de vue de la COMPRÉHENSION en :

analytiques, ou *identiques,* dans lesquels l'*attribut* fait partie de la *compréhension* du sujet. Ex. : Le triangle a trois angles. ou répète le sujet — qui dit triangle dit en effet figure à trois angles.

et *synthétiques,* dans lesquels l'*attribut* ne fait pas partie de la compréhension du sujet, exprime une idée qui s'*ajoute* à l'idée du sujet. Ex. : Le triangle a la somme de ses angles égale à deux droits. Cette propriété n'est pas, au moins à première vue, contenue dans l'idée de triangle. Qui dit triangle ne dit pas figure dans laquelle la somme des angles égale deux droits.

Divisions des jugements aux points de vue de	l'EXTENSION OU QUANTITÉ en	universels.		Sujet pris dans toute son extension. Ex. : Tous les hommes sont mortels.
		particuliers.		Sujet pris dans une partie de son extension. Ex. : Quelques hommes sont bruns.
		singuliers.		Sujet individuel. Ex. : Socrate est philosophe.
	la QUALITÉ en	affirmatifs.		Attribut affirmé du sujet. Ex. : Tout homme est mortel.
		négatifs.		Attribut nié du sujet. Ex. : Nul homme n'est parfait.
	la QUALITÉ et de la QUANTITÉ en	universels	affirmatifs.	Ex. : Tout homme est mortel (A).
			négatifs.	Ex. : Nul homme n'est parfait (E).
		particuliers	affirmatifs.	Ex. : Quelques hommes sont sages (I).
			négatifs.	Ex. : Quelques hommes ne sont pas sages (O).
	la RELATION en	catégoriques.		Affirmation absolue, sans réserves. Ex. : J'existe.
		hypothétiques.		Affirmation conditionnelle ou restrictive. Ex. : Je sortirai, s'il fait beau.
		disjonctifs.		Jugement qui pose une alternative. Ex. : Je sortirai ou je resterai.
	la MODALITÉ en	apodictiques ou nécessaires.		Ex. : Dieu est parfait (sous-ent. : nécessairement).
		assertoriques ou contingents.		Ex. : J'existe (s.-ent. : je pourrais ne pas exister).
		problématiques ou douteux.		Ex. : Je mourrai dans l'année (sous-ent. : peut-être).

On a souvent à considérer les propositions au point de vue de la qualité et de la quantité. Aussi a-t-on pris l'habitude de désigner les propositions par des lettres qui sont les symboles de la qualité et de la quantité. C'est ce qu'indique la règle suivante :

Asserit A, negat E, verum generaliter ambo.
Asserit I, négat O, sed particulariter ambo.
V. le tableau ci-dessus.

A et I désignent les propositions affirmatives comme étant les voyelles de Affirmo.

E et O désignent les propositions négatives comme étant les voyelles de Nego.

III. — RAISONNEMENT OU INFÉRENCE

Définition. — Raisonner, c'est, une proposition étant donnée, tirer de cette proposition une proposition nouvelle.

Division. — Si la proposition donnée est *générale* et celle qu'on en tire *particulière*, le raisonnement est dit *déductif*.

Si la proposition donnée est *particulière* et celle qu'on en tire *générale*, le raisonnement est dit *inductif*.

I. — Déduction.

La déduction consiste, étant donnée une proposition, à en tirer une seconde proposition moins générale, soit *directement*, soit *indirectement*, c'est-à-dire sans passer ou au contraire en passant par l'intermédiaire d'une troisième proposition, d'où

Deux déductions
- **immédiate**, qui revêt elle-même deux formes.
  - la *conversion* des propositions.
  - l'*opposition* des propositions.
- **médiate**, dont la forme régulière et parfaite est le *syllogisme*.

A. — Déduction immédiate.

1. CONVERSION. — *Définition.* — Convertir une proposition, c'est en transposer les termes sans en changer la valeur.

Règle générale. — Pour que la conversion d'une proposition soit correcte, il faut et il suffit que les termes de cette proposition aient la même *extension* après la conversion qu'avant.

Or

Principes.
- dans les propositions *affirmatives*, l'attribut est toujours *particulier*.
- dans les propositions *négatives*, l'attribut est toujours *universel*.

donc

Règles particulières

a) **L'universelle affirmative (A)** *se convertit en particulière affirmative* (I). Ex.: Tous les sages sont heureux — Quelques heureux sont sages.

b) **L'universelle négative (E)** *se convertit en universelle négative* (E). Ex. : Nul homme n'est parfait — Nul parfait n'est homme.

c) **La particulière affirmative (I)** *se convertit en particulière affirmative* (I). Ex. : Quelques hommes sont heureux — Quelques heureux sont hommes.

d) **La particulière négative (O)** *ne se convertit pas.*

2. OPPOSITION. — *Définition.* — *L'opposition* est le raisonnement qui consiste, étant donnée une proposition, à conclure à la vérité ou à la fausseté de la proposition *opposée.*

On appelle *opposées* les propositions qui diffèrent :

1° en *qualité* et en *quantité* à la fois, et sont appelées alors *contradictoires* (A, O — E, I).

2° en *qualité* seulement, et sont appelées alors *contraires*, si elles sont toutes deux *universelles* (A, E); *subcontraires*, si elles sont toutes deux *particulières* (I, O).

3° en *quantité* seulement, et sont appelées alors *subalternes* (A, I — E, O).

C'est ce qu'on résume dans le tableau ci-dessous :

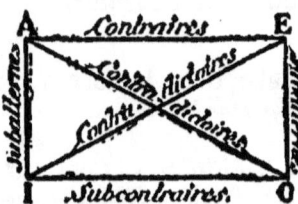

Tous les hommes sont justes — A ... E — Nul homme n'est juste.

Quelques hommes sont justes — I ... O — Quelques hommes ne [sont pas justes.

Règles. — 1° *des contradictoires* : *Deux contradictoires ne peuvent être ni vraies ni fausses en même temps* ; autrement dit, si l'une est vraie, l'autre est fausse; si l'une est fausse, l'autre est nécessairement vraie.

2° *des contraires* : *Deux contraires ne peuvent être vraies ensemble, mais peuvent être fausses toutes deux* ; autrement dit, si l'une est vraie, l'autre est fausse; mais si l'une est fausse, l'autre n'est pas nécessairement vraie.

A. — Déduction immédiate. (Suite).

3° *des subcontraires : Deux subcontraires peu-vent être vraies (mais non fausses) en même temps ;* si l'une est fausse, l'autre est vraie à fortiori ; mais si l'une est vraie, on ne peut rien conclure.

4° *Des subalternes : Si l'universelle est vraie, la particulière l'est aussi (à fortiori).*
Si elle est fausse, pas de conclusion (la particu-culière peut être vraie ou fausse).
Si la particulière est fausse, l'universelle l'est aussi (a fortiori).
Si la particulière est vraie, pas de conclusion (l'universelle peut être vraie ou fausse).

B. — Déduction médiate : le syllogisme.

Définition. — Le *syllogisme* est un raisonnement formé de trois propositions et tel que, les deux premières étant posées, la troisième s'ensuit nécessairement.

Les deux premières propositions s'appellent *prémisses*, la troisième, *conclusion.* Dans les propositions du syllogisme entrent trois termes : les *extrêmes* (*grand* et *petit*) et le *moyen.* C'est ce qu'indique le tableau suivant.

Le syllogisme comprend :

3 termes.
- les *extrêmes :*
  - *grand terme* ou *majeur*, celui des ter-mes qui a le plus d'extension.
  - *petit terme* ou *mineur*, celui des ter-mes qui a le moins d'extension.
- le *moyen*, qui rapproche les extrêmes, sert d'intermé-diaire, de terme de comparaison, de commune mesure entre le grand et le petit terme.

3 propositions.
- les *prémisses :*
  - *majeure*, celle des prémisses qui con-tient le grand terme.
  - *mineure*, celle des prémisses qui con-tient le petit terme.
- la *conclusion.*

Appelons P le petit terme	Le petit terme sera *Pierre*
— G le grand —	Le grand — *mortel.*
— M le moyen —	Le moyen — *homme.*

Prémisses. $\begin{cases}\end{cases}$
M est G
Tous les *hommes* sont *mortels* — *Majeure.*
P est M
Or *Pierre* est *homme* — *Mineure.*

P est G
Conclusion.— Donc *Pierre* est *mortel.*

Principes du syllogisme interprété au point de vue de $\begin{cases}\end{cases}$

la *compréhension* : L'attribut (mortel) d'un attribut (homme) est l'attribut du sujet de cet attribut (Pierre).

l'*extension* : Ce qui est affirmé ou nié du genre (homme), — à savoir ici la mortalité, — est affirmé ou nié de l'espèce ou des individus (Pierre).

Figures. — La *figure* d'un syllogisme dépend des rapports du moyen terme avec les extrêmes. Elle est la disposition que le syllogisme présente eu égard à la place du moyen terme dans les prémisses. Or le moyen terme peut occuper 4 places dans les prémisses; il peut être : 1° sujet de l'une et attribut de l'autre; 2° attribut des deux; 3° sujet des deux; 4° attribut de l'une et sujet de l'autre. C'est ce qu'indique le vers mnémonique.

Sub Præ,	tum Præ Præ,	tum Sub Sub,	denique Præ Sub
1ʳᵉ figure	2ᵉ figure	3ᵉ figure	4ᵉ figure (dite fig. de Galien)

Sub est une abréviation de *Subjectum*, sujet.
Præ — *Prædicatum*, attribut ou prédicat.

De ces quatre figures, les trois premières seules sont naturelles et fondées, la 4ᵉ est artificielle ou incorrecte (Lachelier).

Modes. — Le *mode* d'un syllogisme dépend de la qualité et de la quantité des propositions qui le composent. Quatre sortes de propositions (A, E, I, O) peuvent s'arranger trois à trois de soixante-quatre manières différentes. Ces arrangements s'appellent *modes*. Donc 64 modes possibles, mais 19 seulement concluants.

Modes rangés par figures $\begin{cases}\end{cases}$

bArbArA, cElArEnt, dArII, fErIO (1ʳᵉ figure)
cEsArE, cAmEstrEs, fEstInO, bArOcO (2ᵉ figure)
dArAptI, dIsAmIs, dAtIsI, fElAptOn, bOcArdO, fErIsOn (3ᵉ figure).
bArAllptOn, cElAntEs, dAbItIs, fApEsmO, frIsEsO·morum (Modes indirects de la 1ʳᵉ figure).

Ces mots, laborieusement, mais ingénieusement forgés, forment des vers techniques et mnémoniques ; les *voyelles* indiquent les *modes*, les *consonnes* indiquent la façon d'opérer la *réduction* des modes de la 2ᵉ et de la 3ᵉ figure aux modes de la 1ʳᵉ. Mais il est inutile d'entrer dans ces détails aujourd'hui oubliés, d'autant que « l'énumération même des modes est erronée, tout au moins entachée d'arbitraire » et que le nombre des figures n'est pas fixé, ou du moins qu'on en a « longtemps disputé » (Renouvier).

Selon M. Lachelier, les *figures* sont indépendantes ; chacune a son originalité, son principe, ses modes.

Première figure :

Principe. — Lorsqu'un caractère en implique ou en exclut un autre, la présence du premier entraîne la présence ou l'absence du second. Par suite :

Règles. — Majeure universelle { affirmative A ou négative E

Mineure affirmative { universelle A ou particulière I

d'où :

Modes légitimes. — bArbArA, cElArEnt, dArII, fErIO.

Deuxième figure :

Principe. — La présence ou l'absence d'un caractère est la condition indispensable d'un autre caractère. Si donc cet autre caractère manque, le 1ᵉʳ manque aussi. Par suite :

Règles. — Majeure universelle. { affirmative, entraînant mineure négative, A,E — A,O ; ou négative, entraînant mineure affirmative, E,A — E,I ;

d'où :

Modes. — cEsArE, cAmEstrEs, fEstInO, bArOcO.

Troisième figure :

Principe. — Lorsqu'un attribut s'affirme ou se nie du sujet et que le sujet possède un second attribut, le premier attribut s'affirme ou se nie du second. Par suite :

Règles. — Mineure affirmative, A,I.
Conclusion particulière, I,O ;

d'où :

Modes. — dArAptI, dIsAmIs, dAtIsI, fElAptOn, bOcArdO, fErIsOn.

Règles du syllogisme. — 1° *Règle de Port-Royal*, dite « règle des modernes ». *La majeure doit contenir la conclusion et la mineure montrer que la conclusion y est en effet contenue.* — Règle trop simple et trop concise, aussi peu instructive que serait cette parole d'un médecin à un malade : « Portez-vous bien » (Duval-Jouve).

2° *Règles des scolastiques.* — Elles ont été mises en vers latins ; 4 sont relatives aux termes, 4 aux propositions.

I. *Règles relatives aux termes :*

Terminus, esto triplex medius, majorque minorque.

Cette règle a été jugée insignifiante ; on peut l'interpréter autrement et dire que presque toutes les erreurs de raisonnement consistent dans la *quaternio terminorum* (quadruplication des termes), autrement dit, consistent à introduire 4 termes dans le syllogisme, au lieu de 3.

Nequaquam medium capiat conclusio fas est.

Cette règle, au contraire, est peu importante ; il ne vient guère à l'esprit de la violer et de raisonner par exemple ainsi : Alexandre était petit, Alexandre était roi, donc Alexandre était un petit roi.

Aut semel aut iterum medius generaliter esto.

Le moyen terme étant *quelque M* ou une *partie de M*, et ce moyen terme étant répété deux fois, on n'est pas sûr que la *partie de M*, considérée dans le premier cas, soit *la même* que celle qui est considérée dans le second ; autrement dit, on n'est pas sûr que le moyen terme soit un *terme unique* ; or, s'il n'est pas unique, on tombe dans la *quaternio terminorum*.

Ex. : les Bretons sont *des* Français (*une partie des* Français)
les Normands sont *des* Français (*une autre partie des* Français).
Ergo gluck (Rabelais), donc rien du tout.

Latius hunc (terminum) quam præmissæ, conclusio non vult.

Si un terme est pris dans la conclusion comme *universel*, alors qu'il était pris comme *particulier* dans la mineure, il est clair que nous avons ici encore deux termes au lieu d'un ; nouvelle *quaternio terminorum*.

II. — *Règles relatives aux propositions :*

> *Ambæ affirmantes nequeunt generare negantem.*
> *Utraque si præmissa negct, nil inde sequetur.*
> *Nil sequitur geminis e particularibus unquam.*
> *Pejorem sequitur semper conclusio partem.*

Les trois premières règles sont claires, n'offrent aucune difficulté. La 4ᵉ est une énigme. *La conclusion suit toujours le parti de la prémisse la plus faible ;* or la prémisse la plus faible, comme *qualité*, c'est la *négative* ; comme *quantité*, c'est la *particulière* ; cela veut donc dire que, *si l'une des prémisses est négative, la conclusion sera négative ; si l'une des prémisses est particulière, la conclusion sera particulière.*

Valeur du syllogisme.

a) **Valeur pratique ou utilité.** — *Seule* contestée par Bacon et Descartes. Selon Bacon, « le syllogisme lie l'esprit, non les choses » (*assensum adstringit, non res*). Or ce sont les faits et leurs rapports, non l'écheveau des idées, tissé par l'esprit, que la science a pour but de connaître ; donc le syllogisme est inutile. Selon Descartes de même, le syllogisme n'apprend rien, il ne sert qu'à *exposer* ce qu'on sait ; il n'est pas une méthode d'*invention* ou de découverte.

b) **Valeur théorique.** — *Seule* contestée par Stuart Mill. Selon Stuart Mill, le syllogisme est une *tautologie* (raisonnement vain, frivole) ou un *sophisme* (pétition de principe ou cercle vicieux). Il est une *tautologie* si, quand on pose la majeure, on connaît d'avance la conclusion, et il est une *pétition de principe*, si on ne connaît pas la conclusion, quand on pose la majeure, car la vérité de la majeure dépend de la vérité de la conclusion. De toute façon le syllogisme est à rejeter, soit comme raisonnement frivole, soit comme raisonnement faux.

Cependant Stuart Mill le conserve. Il lui dénie toute valeur logique; il lui reconnaît une valeur pratique. Mais d'ailleurs il le transforme, le ramène à l'induction. Il y aurait :

Deux sortes d'induction
- *immédiate* : passage du particulier au particulier. Ex. : Le feu de la cheminée brûle, donc le feu de la bougie brûle.
- *médiate* : passage du particulier au particulier, par l'intermédiaire du général. Ex. : Le feu de la cheminée brûle, donc tous les feux brûlent, donc le feu de la bougie brûlera.

Le syllogisme est une induction tronquée, incomplète. Il suppose une induction préalable, laquelle reste sous-entendue. Il faut rétablir le raisonnement total dont il est une partie. Ce raisonnement total ou induction médiate est supérieur à l'induction immédiate, comme plus réfléchi (on y regarde de plus près pour tirer d'un fait particulier une loi générale que pour passer d'un fait particulier à un autre), donc offrant plus de garanties, plus sûr.

Critique — 1° Il est étrange qu'un raisonnement sans valeur logique ait une utilité pratique ;

2° L'induction, à laquelle Stuart Mill ramène le syllogisme, est une opération machinale, aveugle, une association d'idées. Au contraire le syllogisme est un raisonnement fondé. On peut poser une loi générale, sans connaître tous les cas particuliers qui y rentrent, et tirer d'une loi générale des applications particulières, sans commettre en cela une pétition de principe.

3° Le syllogisme ne se ramène pas à l'induction ; il est un raisonnement distinct, indépendant. La conclusion, quoiqu'elle découle de la majeure, n'est pas contenue, donnée toute faite dans la majeure. Elle n'y pourrait être, en tout cas, qu'implicitement contenue ; on aurait donc au moins le mérite de l'y apercevoir, de l'en dégager, et ainsi le syllogisme ne serait pas un raisonnement vain, mais un raisonnement à la fois rigoureux et fécond.

Théorie de Claude Bernard. — Loin que la déduction se ramène à l'induction, c'est l'induction qui se ramène à la déduction. Il n'y a qu'un seul raisonnement, le syllogisme, mais il revêt deux formes :

$$\text{Syllogisme} \begin{cases} \end{cases}$$

investigatif ou *hypothétique*, qui va de l'inconnu au connu. Sa formule : *si tel point de départ est donné*, il s'ensuit telle et telle conséquence.

démonstratif ou *catégorique*, qui va du connu à l'inconnu. Sa formule : *Tel point de départ étant donné*, il s'ensuit telle et telle conséquence.

Le syllogisme hypothétique est ce qu'on appelle l'induction. Sa valeur consiste dans la vérification expérimentale d'un principe (vue de l'esprit) par ses conséquences.

Variétés du syllogisme.

RÉGULIER : le syllogisme étudié, pris pour type.

Enthymème : Syllogisme dans lequel une des prémisses est sous-entendue. Ex. : Pierre est homme, donc mortel.

Epichérème : Syllogisme dans lequel les prémisses sont accompagnées de leurs preuves. Ex. : la *Milonienne*.

Majeure : Il est permis de tuer ceux qui dressent des embûches. (Preuves tirées du droit des gens, de la loi romaine, etc.)

Mineure : Or Clodius a dressé des embûches à Milon. (Preuves du guet-apens, tirées des circonstances; le récit du meurtre.)

Polysyllogisme : Syllogismes liés de telle sorte que la conclusion du 1er devienne la majeure du 2e.

Ex. : A est B
mais B est C } Prosyllogisme.
donc A est C

mais C est D } Episyllogisme.
donc A est D

Sorite : Polysyllogisme abrégé, dans lequel les conclusions intermédiaires sont sous-entendues. Ex. : le *sorite* que fait le renard, selon Plutarque, avant de s'aventurer sur la glace : Ce qui fait du bruit remue, ce qui remue n'est pas gelé, ce qui n'est pas gelé est liquide, ce qui est liquide ne peut pas me porter, donc cette glace qui fait du bruit ne peut pas me porter.

Syllogismes simples IRRÉGULIERS

Syllogismes (*suite*)

- *composés*
  - HYPOTHÉTIQUE, dans lequel la majeure est une proposition conditionnelle.
    - deux *modes*
      - *positif* : S'il fait jour, il fait clair, or il fait jour, donc il fait clair. — *modus ponens*
      - *négatif* : S'il fait jour, il ne fait pas nuit, or il fait jour, donc il ne fait pas nuit. — *modus tollens*
  - DISJONCTIF, dans lequel la majeure pose une alternative.
    - deux *modes*
      - Mineure affirmative, conclusion négative. Ou il fait jour, ou il fait nuit, or il fait jour, donc il ne fait pas nuit. — *Modus ponendo tollens*
      - Mineure négative, conclusion affirmative. Ou il fait jour, ou il fait nuit, or il ne fait pas jour, donc il fait nuit. — *Modus tollendo ponens*
  - HYPOTHÉTICO-DISJONCTIF OU DILEMME
    - La majeure pose deux alternatives; chacune de ces alternatives est le point de départ d'un syllogisme hypothétique, et les deux syllogismes hypothétiques aboutissent à une même conclusion.
    - Ex. : le dilemme de Mathan dans *Athalie*.

      A d'illustres parents s'il doit son origine,
      La splendeur de son rang doit hâter sa ruine;
      Dans le vulgaire obscur si le sort l'a placé,
      Qu'importe qu'au hasard un sang vil soit versé!

II

LOGIQUE APPLIQUÉE

Préliminaires.

LA CONNAISSANCE SCIENTIFIQUE ET LA CONNAISSANCE VULGAIRE

La connaissance vulgaire et la science ont le même point de départ : la sensation, le même objet : la nature ou le monde; elles diffèrent par le point de vue, la méthode, la valeur.

La connaissance vulgaire ne s'élève pas au-dessus des *faits*, elle est une simple *constatation*; la science remonte du fait à la *loi*, ou saisit les rapports des faits; elle est une *explication*. Quelquefois cependant la connaissance vulgaire fait plus que constater les faits, elle les *explique*, mais d'une façon chimérique, par des causes imaginaires (théologiques ou métaphysiques, agents surnaturels ou entités); par là encore elle s'oppose à la science, qui est une explication réelle, positive, vraie.

De ce que la science est la connaissance des *lois* et la connaissance vulgaire la connaissance des *faits*, il suit :

1° Que la science est la connaissance de l'*universel* et du *nécessaire*, toute loi étant universelle et nécessaire, — et que la connaissance vulgaire est la connaissance du *particulier* et du *contingent*, tout fait étant particulier et contingent.

2°.Que la science est un *savoir unifié*, les lois étant des rapports qui existent entre les faits, qui les relient entre eux, qui en forment un *système*, — et la connaissance vulgaire, un savoir *non unifié*, chaotique, les faits apparaissant sans rapports entre eux, disparates, hétérogènes.

De plus la science permet de *prévoir* les phénomènes, d'agir sur eux, de les produire ou de les empêcher (savoir, c'est prévoir, afin de pourvoir) ; elle fonde l'*art* véritable ou proprement dit. La connaissance vulgaire ne permet pas de *pré-*

dire les phénomènes, au moins d'une *façon certaine*, ni de les produire, *au moins à coup sûr*; elle donne naissance à un *art empirique* et *aveugle ou routine*.

CLASSIFICATION ET HIÉRARCHIE DES SCIENCES

La science, universelle et unique, cultivée par les premiers philosophes, a dû faire place aux sciences spéciales. Mais la spécialisation des sciences constitue un danger; pour être distinctes, les sciences ne sont pas séparées en fait, ni en droit. La classification des sciences a pour objet de montrer les rapports des sciences entre elles et d'établir l'unité fondamentale de la science.

Une bonne classification des sciences supposerait les sciences achevées. Toutes les classifications des sciences sont donc imparfaites, mais elles le sont plus ou moins. On distingue les classifications *artificielles*, comme celle de Bacon, et *naturelles*, comme celle d'Auguste Comte.

Il n'y a pas de classification qui puisse être dite *naturelle*, dans la rigueur du terme. La classification d'A. Comte, quoique critiquable à certains égards, est celle qui se rapproche le plus des classifications naturelles. C'est pourquoi nous la donnons comme type de celles-ci.

I. — CLASSIFICATION DE BACON ET D'ALEMBERT

Sciences classées d'après les facultés intellectuelles.	MÉMOIRE. — Histoire . . .	naturelle. civile, politique, religieuse.
	IMAGINATION. — Beaux-Arts.	Poésie. — Musique. Peinture, Sculpture.
	RAISON. — Philosophie . . Triple objet.	*La nature.* — Physique, Mathématiques, Biologie. *L'homme.* — Pneumatologie (psychologie). Logique. — Morale. *Dieu.* — Métaphysique. — Théologie.

Cette classification est artificielle; elle se fonde sur un principe faux, qui est qu'une science s'adresse à une faculté exclusivement : il n'est pas de science qui ne fasse appel à toutes les facultés à la fois : raison, imagination et mémoire.

Sciences classées d'après leurs objets, considérés eux-mêmes du double point de vue de la simplicité et de la généralité.

COSMOLOGIE.

PHILOSOPHIE.

Mathématique *abstraite.*

OBJET
nombre.
étendue.
mouvement.

Concrète ou Astronomie. + corps célestes considérés uniquement au point de vue de leurs *positions et mouvements* dans l'espace.

Physique ——— + pesanteur, chaleur, électricité, etc.

Chimie ——— + affinité.

Biologie ——— + nutrition, reproduction, relation.

Sociologie ——— + ordre, progrès *des sociétés.*

Ordre RATIONNEL ou LOGIQUE.	Ordre HISTORIQUE.	Ordre DIDACTIQUE.
Des sciences les plus simples et les plus générales aux sciences les plus complexes et les plus particulières.	Des sciences qui se sont constituées les premières aux sciences les dernières venues.	Des sciences qu'il faut étudier les premières aux sciences qu'il faut étudier les dernières.

Cette classification, qui range les sciences dans un ordre de complexité croissante et de généralité décroissante, indique par là même l'ordre dans lequel elles se sont constituées historiquement et l'ordre dans lequel il convient de les étudier. Elle est donc systématique. On lui reproche de présenter des lacunes (ex. : économie politique, psychologie); mais ces lacunes sont volontaires; les sciences laissées de côté ou ne sont pas des sciences ou ne sont pas des *sciences fondamentales*, aux yeux d'A. Comte. On remarque encore que l'ordre du tableau n'est pas celui dans lequel les sciences se sont développées historiquement; sans doute, mais il faut distinguer l'ordre *normal* ou *logique* et l'ordre *réel* du développement des sciences, et A. Comte n'a voulu parler que du premier. Ce qui est plus grave, c'est que Comte considère le cycle des sciences comme achevé et donne sa classification comme définitive; c'est aussi qu'il prétend que cette classification a la valeur d'une philosophie, la philosophie n'étant et ne devant être qu'un résumé, qu'une vue d'ensemble de la science positive.

De cette classification on pourrait rapprocher celle d'Ampère, qui repose en partie sur les mêmes principes. Deux traits caractérisent une science : « la nature des objets qu'on y étudie, le point de vue sous lequel on considère ces objets ». De plus, il faut que les sciences « soient disposées dans un ordre tel qu'un homme qui voudrait en parcourir toute la série les trouve rangées à la suite les unes des autres, de manière qu'en les suivant dans cet ordre, il n'ait jamais besoin, du moins autant que cela est possible, d'avoir recours, pour l'étude d'une science, à d'autres connaissances qu'à celles qu'il aurait acquises en étudiant les sciences précédentes » (Ampère). Voici les grandes lignes de cette classification, calquée sur celle des sciences naturelles.

Sciences.			
COSMOLOGIQUES. (*mundus*)	Cosmologiques proprement dites.	Mathématiques. Physiques.
	Physiologiques.	Naturelles. Médicales.
NOOLOGIQUES. (*mens*)	Noologiques proprement dites.	Sciences philosophiques. Sciences dialegmatiques.
	Sociales.	Ethnologiques. Politiques.

Ampère, multipliant toujours par 2 chacun des termes de chaque division, arrive à un total de 224 sciences nées ou à naître.

Méthode
des Sciences mathématiques.

OBJET

L'objet d'une science commande la *méthode* de cette science. Il faut donc indiquer d'abord l'objet des mathématiques. Cet objet, c'est la recherche et la démonstration des *rapports* des grandeurs entre elles ou la *mesure* des grandeurs. Les grandeurs (nombres, figures, mouvements) qu'étudient les mathématiques ne sont pas des *phénomènes* ou *réalités* qui tombent sous les sens, mais des *notions* formées ou construites par l'esprit.

Deux théories sur l'origine de ces notions : 1° Elles sont *a priori*; l'esprit les tire de lui-même; il n'y a rien dans la nature qui réponde aux figures géométriques parfaites, aux unités numériques rigoureusement identiques, etc. 2° Elles sont tirées de l'expérience, l'esprit faisant *abstraction* des irrégularités des figures réelles, par exemple, et *élevant à l'absolu* (par le *passage à la limite*) les propriétés qu'il observe dans les grandeurs réelles. Il faut bien que les notions mathématiques soient tirées de l'expérience, pour qu'elles puissent s'appliquer à l'expérience. Mais ces notions sont si *élaborées* qu'on a peine à en reconnaître l'origine expérimentale.

MÉTHODE

Dans toute méthode il faut distinguer les *principes* dont on part et le *raisonnement* qu'on emploie. Les *principes* mathématiques sont : les *définitions*, *axiomes* et *postulats*; le raisonnement mathématique est la *démonstration*.

A. — PRINCIPES

I. — Axiomes.

Définition. — L'axiome est une *proposition évidente d'elle-même*. Or, il n'y a qu'une proposition qui jouisse de cette propriété, c'est la *proposition analytique*. L'axiome mathématique est donc *analytique*; il est de plus *général*. On le définira une proposition évidente énonçant un rapport nécessaire entre quantités indéterminées.

Division.

Axiomes communs à toutes les sciences mathématiques. Ex. : deux quantités égales à une troisième sont égales entre elles.

Axiomes propres à l'une d'elles. Ex. : deux droites ne peuvent enclore un espace.

Règles. — 1° « N'omettre aucun des principes nécessaires sans avoir demandé si on l'accorde, quelque clair et évident qu'il puisse être.

2° « Ne demander en axiomes que des choses parfaitement évidentes d'elles-mêmes. » (Pascal, *Esprit géométrique*.)

II. — Définitions.

Les définitions mathématiques sont *a priori*, définitives, immuables; elles sont les *principes* ou point de départ de la science; par là elles s'opposent aux *définitions empiriques*, qui sont *a posteriori*, provisoires, toujours révisibles et qui sont les conclusions ou le résumé de la science.

Division.

Définitions caractéristiques, indiquant la *propriété* par laquelle un nombre, une figure, etc., se *distinguent* de tout autre nombre, de toute autre figure. Ex. : la circonférence est une courbe dont tous les points sont équidistants d'un point intérieur, appelé centre.

Définitions génétiques, indiquant le *mode de formation* ou de *construction* d'un nombre, d'une figure, etc. Ex. : la circonférence est la figure qu'on obtient, en faisant tourner une branche d'un compas autour de l'autre branche, prise pour pivot, l'écartement des deux branches restant constant.

Règles. — I. « N'entreprendre de définir aucune des choses tellement connues d'elles-mêmes qu'on n'ait point de termes plus clairs pour les expliquer.

II. « N'omettre aucun des termes un peu obscurs ou équivoques sans définition.

III. « N'employer dans la définition des termes que des mots parfaitement connus ou déjà expliqués. » (Pascal, *Esprit géométrique*.)

Les *axiomes* et les *définitions* sont les *principes* de la démonstration, mais non pas au même titre ou dans le même sens : les axiomes sont les vérités générales qu'on invoque au cours de la démonstration; les définitions sont les thèses ou conventions particulières d'où se tire proprement la démonstration; les uns sont les *conditions*, les autres sont les vrais *principes* de la démonstration; mais les unes et les autres sont nécessaires, ainsi que les

III. — Postulats.

Vérités de sens commun, qu'on ne peut démontrer, mais qu'on *demande* d'accorder comme principe ou comme base de la démonstration. Ex. : le postulat d'Euclide : Par un point extérieur à une droite, on ne peut mener qu'une parallèle à cette droite.

B. — DÉMONSTRATION

Définition. — La démonstration est un cas particulier de la *déduction*.

C'est une *déduction* dans laquelle n'entrent que des *propositions nécessaires*.

D'après Henri Poincaré, la démonstration mathématique serait une *induction* ou *récurrence* et consisterait à étendre un théorème démontré pour un cas à plusieurs autres cas successivement, puis à tous les cas en général. Cette thèse paraît paradoxale.

Division. — Deux sortes ou plus exactement deux méthodes de démonstration.

Analyse, méthode de recherche ou d'invention (heuristique), qui va de l'inconnu au connu, de la question aux principes. « Diviser chacune des *difficultés* (questions) en autant de *parcelles* (principes), qu'il se pourra et qu'il sera requis pour les mieux résoudre. » (Descartes, *Disc. de la Méth.*, 2ᵉ partie.)

Synthèse, méthode de démonstration ou d'exposition (didactique), qui va du connu à l'inconnu, du principe à la question. « Conduire par ordre ses pensées, en commençant par les objets les plus simples et les plus aisés à connaître (les principes), pour monter peu à peu comme par degrés jusques à la connaissance des plus composés (les questions), et supposant même de l'ordre entre ceux qui ne se précèdent point naturellement les uns les autres. (Descartes, *ibid.*)

N.-B. — Ne pas confondre avec ces *méthodes* les *procédés particuliers* (comme la superposition, la transformation des figures, les constructions en géométrie) qui composent ce qu'on appelle le *mécanisme* de la démonstration.

Règles. — I. « N'entreprendre de démontrer aucune des choses qui sont tellement évidentes d'elles-mêmes qu'on n'ait rien de plus clair pour les prouver.

II. « Prouver toutes les propositions un peu obscures et n'employer à leur preuve que des axiomes très évidents ou des propositions déjà accordées ou démontrées.

III. « Substituer toujours mentalement les définitions à la place des définis, pour ne pas se tromper par l'équivoque des termes que les définitions ont restreints ». (Pascal, *Esprit géométrique.*)

(Remarquer l'analogie des deux premières règles avec les règles des définitions. Le mot *définir* est remplacé par le mot *démontrer*, le mot *terme* par le mot *proposition*)

Méthode des Sciences de la Nature.

Dans les sciences de la nature, on part de l'*observation* des faits, on imagine des *hypothèses* pour les expliquer, on vérifie ces hypothèses par l'*expérience*, on établit des *lois* (*induction*) et des lois établies on tire des conséquences (*déduction*). Les procédés de ces sciences sont donc, dans l'ordre de leur apparition et développement : l'*observation*, — l'*hypothèse*, — l'*expérience*, — l'*induction*, — la *déduction*. Ajoutons la *classification*, complément de l'observation, qui trouve place spécialement dans les sciences naturelles.

I. — OBSERVATION

Définition. — On entend communément par *observation* l'étude des phénomènes tels qu'ils se présentent à nous dans la nature, par opposition à l'*expérimentation* qui serait l'étude des faits produits ou modifiés par le savant; mais Cl. Bernard propose d'entendre par *observation* l'étude des phénomènes, naturels ou provoqués, *en dehors de toute idée préconçue ou hypothèse.*

L'observation est une opération : 1° sensible; 2° intellectuelle.

I. L'observation, considérée comme une **opération des sens**, suppose des

naturelles : sens normaux, sains, subtils et exercés.

artificielles : instruments remédiant à l'imperfection des sens.

a) Reculant leurs bornes, augmentant leur portée. (Ex. : télescope, téléphone, microscope, microphone.)

b) Précisant leurs données, mesurant l'intensité des phénomènes. (Ex. : balance, thermomètre, etc.)

c) Suppléant l'observateur, enregistrant les phénomènes en son absence et à sa place. (Ex. : thermomètre, baromètre enregistreurs, etc.)

Conditions.

II. L'observation, considérée comme une **opération intellectuelle**, entendue comme l'*analyse* des phénomènes, leur *classification*, leur *interprétation*, suppose ou requiert un esprit *attentif, curieux, patient, persévérant*, doué de *pénétration* ou de *flair, impartial* ou *désintéressé*.

Nous n'avons parlé que de l'observateur. Mais il faut tenir compte aussi des **faits observés**; il en est de particulièrement instructifs (privilégiés ou *prérogatifs*). Ce seraient, d'après Bacon, les faits *ostensifs*, — *clandestins* ou *crépusculaires*, — *aberrants*, — *limitrophes*, — *cruciaux* ou *décisifs*, etc.

Règles. — L'observation doit être : 1° *exacte*, 2° *précise*, 3° *méthodique*.

II. — HYPOTHÈSE

Définition. — L'hypothèse est un essai d'explication des faits, qui n'est que plausible, provisoire, et ne doit pas se donner pour certain, définitif.

Valeur de l'hypothèse. — Opinions contraires. 1° L'hypothèse n'a pas place dans la science, celle-ci se composant de vérités prouvées, non de conjectures (Newton); bien plus, elle est funeste à la science, antiscientifique (Bacon). 2° L'hypothèse a sa place nécessaire dans la science; sans elle, pas de progrès; elle est le principe de la découverte (Cl. Bernard.) — Ces opinions peuvent se concilier. D'abord l'hypothèse, qui se pose comme telle et ne se donne pas pour une vérité démontrée, est *sans danger*. Ensuite il faut distinguer la science *constituée*, et la science en *voie de formation* et de *progrès* ; c'est à la première que pense Newton, c'est la deuxième que Cl. Bernard a en vue. La science *se fait* à l'aide d'hypothèses, et ne peut se faire autrement, mais il est vrai que l'hypothèse disparaît de la science achevée. L'hypothèse a place dans la science comme *méthode*; elle n'y entre pas comme *doctrine*.

La valeur de l'hypothèse ne dépend pas seulement de l'attitude de l'esprit à son égard, elle dépend encore de ce qu'elle est en elle-même. Toute hypothèse n'est pas scientifique. Pour être scientifique, l'hypothèse doit être :

1° *Fondée sur des faits*, non gratuite (distinction de l'hypothèse et de la *conjecture* pure et simple) ;

2° *Vérifiable*. — Une hypothèse qu'on n'aurait aucun moyen de contrôler serait par là même gratuite. Remarquer qu'une hypothèse qu'on ne peut vérifier présentement n'est pas pour cela invérifiable;

3° *Doit n'être en contradiction avec aucun fait.*

Ces trois conditions peuvent être dites *sine quibus non*. Les deux suivantes sont simplement *favorables* ou *désirables*.

L'hypothèse doit être 4° *simple*;

5° *féconde.*

Une hypothèse *féconde* est celle qui, vraie ou fausse, met sur la voie des découvertes, suscite des recherches, fait remuer et retourner en tous sens le champ de la science.

Division. — Les hypothèses se divisent : 1° d'après leur *portée* en

Hypo-thèses { *Générales* ou *théories*, embrassant un grand nombre de faits (Ex. : théorie de l'évolution, de l'unité des forces physiques, etc.). *Spéciales*, relatives à un fait particulier.

2° D'après leur *nature* en

Hypothèses. { *Figuratives* ou *représentatives*, mode de colligation ou d'exposition des phénomènes. Exemple-type : l'hypothèse du bonhomme d'Ampère.

Explicatives. { portant sur l'*existence* d'une loi. — la *formule* d'une loi. — l'*un des termes* d'une loi.

III. — EXPÉRIMENTATION

Définition. — L'expérience, au sens vulgaire, c'est l'étude des phénomènes, non tels qu'ils se présentent à nous dans la nature, mais tels qu'ils se produisent dans des conditions posées, déterminées par nous. Suivant Cl. Bernard, ce qui constitue l'expérience, ce n'est pas ce fait que le phénomène étudié est artificiellement produit (car il est tels cas où l'étude de phénomènes naturels constitue une *expérience*, et tels autres où l'étude de phénomènes artificiellement produits est une *observation* pure et simple). Il y a *expérience* ou *observation*, suivant qu'on étudie ou non les faits à la lumière d'une hypothèse, et en vue de vérifier cette hypothèse.

On peut fondre la définition courante et celle de Cl. Bernard et dire : L'expérience est l'étude d'un phénomène dans des conditions que le savant a dû le plus souvent *établir* et *provoquer*, en vue de *vérifier une hypothèse*.

Valeur de l'expérimentation. — L'expérience permet de multiplier à volonté les cas à observer, — de choisir les cas les plus favorables pour l'étude, — d'isoler les phénomènes donnés ensemble dans la nature.

L'expérience est d'ailleurs soumise aux mêmes *lois* que l'observation, — suppose les mêmes *conditions* matérielles (sens et instruments) et intellectuelles (attention, patience, etc.).

Procédés. — Ses procédés propres sont, d'après Bacon :

variatio	*experimenti*	(changement portant sur la *matière*, la *cause* ou l'*agent*, la *quantité*).
inversio	—	(renversement de l'expérience, ex. : la synthèse après l'analyse).
productio	—	(prolongement de l'expérience, par répétition ou extension).
translatio	—	(passage de la nature à l'art, d'un art à un autre, etc.).
compulsio	—	(consiste à pousser l'expérience jusqu'à épuisement, disparition du phénomène).
applicatio	—	(application de l'expérience à un but d'utilité).
copulatio	—	(on réunit deux expériences pour voir ce qui résulte de leur assemblage).
sortes	—	Expériences faites au hasard, purs tâtonnements, *mera palpatio* (Bacon), « expériences d'imbécile » (Darwin). C'est ce que Cl. Bernard appelle pêcher en eau trouble, faire « des expériences pour voir ».

IV. — INDUCTION

Définition. — L'induction est le raisonnement qui conclut du fait à la loi. Il se décompose en deux opérations :

1° La détermination de la *cause* d'un phénomène donné (interprétation de l'expérience).

2° L'établissement de la *loi* qui régit ce phénomène (généralisation de l'expérience).

I. — Détermination de la cause d'un phénomène donné
(par les tables de Bacon et les méthodes de Stuart Mill).

PRINCIPE: *Posita causa, ponitur effectus.*	*Sublata causa, tollitur effectus.*	*Variante causa, variatur effectus.*	
TABLE DE PRÉSENCE. — Sur cette table on inscrit toutes les circonstances dans lesquelles le phénomène à étudier se produit.	**TABLE D'ABSENCE.** — Sur cette table on inscrit toutes les circonstances dans lesquelles le phénomène à étudier cesse de se produire.	**TABLE DE COMPARAISON OU DE DEGRÉS.** — Sur cette table on inscrit toutes les circonstances dont les variations entraînent les variations du phénomène à étudier.	

La cause d'un phénomène est la circonstance *présente*, quand ce phénomène est présent, — *absente*, quand il disparaît, — *variant*, quand il varie.

MÉTHODE DE CONCORDANCE	MÉTHODE DE DIFFÉRENCE	MÉTHODE DES VARIATIONS CONCOMITANTES	MÉTHODE DES RÉSIDUS
RÈGLE. — On considère des *cas aussi nombreux et aussi différents* que possible, dans lesquels le phénomène à étudier *se produit*; si ces cas *concordent* en une circonstance, et une seule, cette circonstance est la cause cherchée.	**RÈGLE.** — On considère *deux cas*, aussi *rapprochés* que possible, l'un, dans lequel le phénomène à étudier se produit, l'autre, dans lequel il ne se produit pas. Si ces cas *diffèrent* en une circonstance, et une seule, cette circonstance est la cause cherchée.	**RÈGLE.** — On considère un *certain nombre de cas* dans lesquels le phénomène à étudier *varie*. Si, toutes les autres circonstances restant les mêmes, une circonstance, et une seule, *varie en même temps* que le phénomène, cette circonstance est la cause cherchée.	**RÈGLE.** — Si d'un phénomène donné *abc*, on retranche les circonstances *bc*, qui sont l'effet de causes connues BC, ce qui reste du phénomène, *a*, est l'effet de l'antécédent qui reste, A.
EXEMPLE. — « Prenons 50 creusets de matière fondue qu'on laisse refroidir, et 50 dissolutions qu'on laisse évaporer : toutes cristallisent ». Dans les cas considérés, « les circonstances sont aussi différentes que possible. Nous y trouvons un fait commun, et un seul : le passage de l'état liquide à l'état solide. Nous concluons que ce passage est *l'antécédent invariable* de la cristallisation. » (TAINE.)	**EXEMPLE.** — « Prenons un oiseau qui est dans l'air et respire; plongeons-le dans l'acide carbonique; il cesse de respirer ». Les cas considérés « ne diffèrent que par une circonstance, l'immersion dans l'acide carbonique substituée à l'immersion dans l'air, on en conclut que cette circonstance est *un des antécédents invariables* de la suffocation ». (TAINE.)	**EXEMPLE.** — « Prenons deux faits : la présence de la terre et l'oscillation du pendule, ou bien encore la présence de la lune et le mouvement des marées. Nous remarquons que toutes les variations de l'un correspondent à certaines variations de l'autre; que toutes les oscillations du pendule correspondent aux diverses positions de la terre; que toutes les circonstances des marées correspondent aux positions de la lune. Nous en concluons que le second fait est l'antécédent du premier. » (TAINE.)	**EXEMPLE.** — « Les physiciens, ayant calculé d'après les lois de la propagation des ondes sonores, quelle doit être la vitesse du son, trouvèrent qu'en fait les sons vont plus vite que le calcul ne semble l'indiquer. Ce surplus, ou *résidu* de vitesse, est un conséquent et suppose un antécédent; Laplace trouva l'antécédent dans la chaleur que développe la condensation de chaque onde sonore, et cet élément nouveau, introduit dans le calcul, le rendit parfaitement exact. » (TAINE.)

REMARQUE. — La *méthode des résidus* n'est pas une méthode nouvelle; elle est la forme généralisée et abstraite des trois autres. Toute méthode d'induction est au fond une méthode d'*élimination*. On trouve la cause d'un phénomène, par la méthode de *différence*, en *éliminant* les *circonstances communes* aux cas considérés; la circonstance *qui reste*, à savoir la *différence* entre les deux cas, est la cause; de même, on trouve la cause d'un phénomène par la *méthode de concordance*, en *éliminant* les circonstances par lesquelles diffèrent les cas considérés; la circonstance *qui reste*, à savoir la circonstance *commune*, est la cause. On raisonnerait de même pour la méthode des *variations concomitantes*. Toute induction se ramène donc à une *élimination*. Pour que l'induction fût rigoureuse, il faudrait que l'élimination fût complète, *exhaustive*, ce que l'expérience ne permet pas ou guère.

II. — La généralisation de l'expérience,
l'induction proprement dite.

Définition. — L'induction est le passage du fait à la loi, du particulier au général. Ce passage paraît illégitime : dans ce raisonnement la conclusion dépasse les prémisses. Aussi a-t-on proposé de définir l'induction autrement, à savoir le raisonnement qui conclut des parties au tout, après énumération complète des parties (induction dite aristotélique). Un tel raisonnement serait sans doute rigoureux, mais vain, tautologique. L'induction est en réalité un raisonnement fécond, qui va au delà du fait observé, mais n'est pas pour cela sans valeur. Elle repose sur le principe suivant :

Tous les phénomènes ont des causes.
Les mêmes causes produisent les mêmes effets.

Sur l'origine et la valeur de ce principe, 3 hypothèses :

1° *Il est a posteriori,* postérieur à l'expérience, mais alors il ne peut servir à fonder l'induction, provenant lui-même d'une induction. On ne peut pas dire d'autre part qu'on s'attend simplement à voir se produire dans l'avenir ce qu'on a observé dans le passé. On n'a pas, rigoureusement parlant, le droit de s'y attendre, l'expérience, d'une part, n'étant pas toujours semblable à elle-même, d'autre part, ne prouvant que pour le passé et le présent.

2° Le *principe de l'induction est a priori,* antérieur à l'expérience. N'est-il pas trop commode de faire ainsi appel à la raison, de poser comme évident et allant de soi le principe dont on a besoin? Et comment explique-t-on que ce principe *a priori* s'accorde avec l'expérience?

3° Le *principe de loi est une hypothèse* que l'esprit forme naturellement à l'occasion des faits et que l'expérience confirme. Mais alors l'induction n'est pas *démontrée,* elle n'est qu'une *croyance,* d'ailleurs fondée.

V. — DÉDUCTION

Toutes les sciences emploient tour à tour l'induction et la déduction, l'induction à l'origine, la déduction au terme de leur développement.

Dans les sciences de la nature en particulier, la déduction sert :

1° A opérer le passage de la science à l'art, de la théorie à la pratique.

2° A vérifier les hypothèses. — Étant donnée une hypothèse, on en déduit les conséquences. Si ces conséquences se réalisent, l'hypothèse est indirectement vérifiée et devient une loi.

3° A faire rentrer plusieurs lois (ex. : pesanteur terrestre et attraction solaire) dans une seule (gravitation universelle). C'est ce qu'on appelle une *subsomption*.

4° Inversement, à combiner plusieurs lois (ex. : lois de la gravitation et de l'hydrostatique) pour en tirer une loi nouvelle (loi des marées).

5° A suppléer l'induction, à établir des lois nouvelles

a) en étendant les cas observés à d'autres cas, par exemple en appliquant aux gaz le principe d'Archimède, reconnu vrai pour les liquides (déduction analogique);

b) en remplaçant l'analyse réelle par l'analyse mentale dans le cas, dit de *composition des causes* et de *mélange des effets*. Ne pouvant isoler les phénomènes de leurs causes, on suppose des causes agissant séparément, on déduit les effets de chacune et, additionnant ces effets, on vérifie si l'effet réel est égal à l'effet calculé. Exemple : la décomposition des forces en mécanique.

Valeur de la déduction. — La substitution de la déduction à l'induction marque le progrès ou l'avancement des sciences.

On distingue deux sortes de lois : 1° les lois inductivement établies (empiriques); 2° les lois déduites d'autres lois (dérivées). Les premières sont de simples faits généralisés. Elles ne satisfont point l'esprit : c'est en effet savoir trop peu que de savoir qu'un fait se produit, sans savoir comment il se produit. De plus elles ne permettent pas de faire de prévisions certaines. Les secondes au contraire sont explicatives : par là elles satisfont l'esprit et de plus sont rigoureusement déterminées quant à leurs applications ou leurs effets.

VI. — CLASSIFICATION

Définition. — Classer, c'est ranger les êtres suivant des rapports d'extension, par genres et par espèces.

Division. — Deux sortes de classification : *naturelle, artificielle.*

Classification artificielle. — Elle précède la science, la prépare, la rend possible, en facilite l'étude. Pour répondre à sa fin, exclusivement *pratique*, il lui suffit d'être claire, simple, commode, aisée à apprendre et à retenir. Elle repose sur un *petit nombre de caractères*, choisis parmi les plus *extérieurs* ou *apparents*. S'agit-il de classer les objets d'une *collection*, lesquels sont en nombre *limité* (ex. : un herbier, une bibliothèque, un musée, un régiment), les caractères, choisis comme signes distinctifs, peuvent, sans inconvénient, être *arbitraires, extrinsèques*; ils gagnent même à l'être; ils sont ainsi plus nets, plus tranchés, et la classification est plus claire. Mais s'il s'agit de classer les objets d'une série *naturelle* (ex. : la série animale, végétale), lesquels sont en nombre *illimité*, les caractères choisis ne peuvent plus être entièrement arbitraires; la classification devient alors en partie *artificielle*, en partie *naturelle*. Telle est la classification artificielle de Linné, modèle du genre, simple, ingénieuse

Classification naturelle. — Elle vient au terme de la science, la résume. Sa fin, toute *théorique*, est d'exprimer l'ordre de la nature, les vrais rapports des êtres. On ne lui demande pas d'être claire, commode, mais *exacte*. Elle se fonde sur la considération, non de *tous* les caractères (Adanson), mais des caractères *importants*, et sur la *subordination des caractères accessoires aux caractères importants* (Jussieu). Un caractère *important* est un caractère qui en entraîne d'autres. La liaison de deux caractères constitue une loi *naturelle* (loi de coexistence). Si les caractères liés par une loi sont d'importance égale, ils sont dits *coordonnés* (ex. : le sabot, la *dentition molaire* sont des caractères qui vont ensemble, sans que l'un puisse être dit plus important que l'autre). S'ils sont d'importance inégale, ils sont dits, l'un *dominateur*, l'autre *subordonné* (ex. : vertébré, — mammifère).

On range les êtres, soit en groupes de plus en plus généraux :

la classification est dite alors *analytique* (espèce, genre, famille, ordre, classe, embranchement, règne), soit en groupes de plus en plus particuliers : la classification est dite alors *synthétique* (ordre inverse).

La classification naturelle doit former des groupes : 1° *distincts*, c'est-à-dire tels qu'un individu quelconque d'un groupe ressemble plus à un individu quelconque de ce groupe qu'à un individu quelconque d'un autre groupe; 2° *subordonnés*, c'est-à-dire rangés dans un ordre tel qu'un groupe quelconque ressemble plus au groupe qui le précède et à celui qui le suit immédiatement qu'à un groupe quelconque de la série.

Principes de la classification (sur lesquels on se fonde pour déterminer l'importance des caractères). — 1° *Principe des conditions d'existence ou des causes finales* (Cuvier) : Tout caractère est important qui rentre dans les conditions d'existence d'un être et d'autant plus important qu'il est plus nécessaire à l'existence de cet être. Ce principe est parfois en défaut. On constate la présence d'organes inutiles, ou en tout cas qui ont pu être importants, mais ont cessé de l'être (organes de survivance). D'où nécessité de recourir à un autre principe. 2° *Principe de l'unité de plan ou des connexions organiques* (Geoffroy Saint-Hilaire) : Tout caractère est important qui rentre dans les lignes générales d'un plan unique, d'après lequel sont formés tous les êtres, et d'autant plus important qu'il rentre dans des lignes plus générales de ce plan. Il suit de là qu'on retrouve chez tous les êtres les mêmes organes (d'où intérêt de l'anatomie comparée), mais plus ou moins développés selon les conditions de vie, atrophiés ici, hypertrophiés là, en vertu de la loi du *balancement des organes*. Ces deux principes se concilient, se complètent; ils expriment l'un, une loi statique, l'autre une loi dynamique.

Valeur des classifications naturelles. — Elle dépend de la valeur qu'on attribue à l'idée d'espèce. Si l'espèce est, comme le croit Cuvier, un type fixe, immuable, créé une fois pour toutes et qui se répète indéfiniment chez tous les individus, la classification exprime l'*ordre éternel* des êtres. Si l'espèce au contraire est le produit de transformations successives et toujours renouvelées, la classification exprime l'*histoire* des êtres vivants. Mais, dans les deux cas, la classification a une valeur scientifique, exprime ce qui est.

Méthode
des Sciences morales.

Les sciences morales sont celles qui se rapportent à l'homme. Elles sont nombreuses, et diverses, mais peuvent se ranger en deux groupes :

1° Les sciences *normatives* ou *idéales*, comme la logique, la morale.

2° Les sciences *positives* ou *réelles*, comme la psychologie, l'histoire, la sociologie.

MÉTHODE HISTORIQUE

L'histoire est une science qui repose sur le témoignage. Elle comprend : 1° la recherche des témoignages (érudition, documentation) ; 2° la critique ; 3° l'histoire proprement dite ; 4° la philosophie de l'histoire.

I. *Recherche des témoignages.*

Témoignages
{
oraux, tradition et légendes (*folklore*).
matériels, monuments de toutes sortes (archéologie).
écrits, documents officiels, mémoires, histoires proprement dites.
}

II. *Critique.* — La critique historique n'est qu'un cas particulier de la critique du témoignage. Les règles de la critique du témoignage en général se classent ainsi.

Règles relatives

au fait attesté. — Chaque fait a son coefficient de crédibilité, dont il faut tenir compte. Mais un fait peut être vraisemblable, sans être vrai, et inversement. On ne peut donc s'en tenir à la seule considération du fait pris en lui-même, il faut examiner aussi le témoignage.

au témoignage. — Chercher si le témoignage est *authentique*, c'est-à-dire s'il s'est réellement produit.

au témoin.

Cas d'un seul témoin. Deux questions se posent :	Le témoin s'est-il trompé ou a-t-il pu se tromper ?	Est-il *intelligent* d'une façon générale ? Est-il *compétent* en l'espèce ?
	Le témoin est-il *trompeur* ?	Est-il *honnête* d'une façon générale ? Est-il *désintéressé* dans la question en cause ?
Cas de plusieurs témoins. Se décompose lui-même en deux cas :	Accord des témoignages. Mêmes questions que dans le cas du témoin unique. Les témoins, en effet, peuvent être *tous*	*trompés* par le fait d'une *ignorance* ou *incompétence* communes. *trompeurs* par le fait d'une *déloyauté* ou d'une *partialité* communes.
	Désaccord. — RÈGLE. — Peser les témoignages, au lieu de les *compter*, et les peser d'après les règles indiquées.	

Appliquons ces règles au témoignage historique. On vérifiera donc : 1° l'*authenticité* de ce témoignage, c'est-à-dire qu'on s'assurera s'il est de l'*auteur* auquel on l'attribue, du *temps* auquel on le rapporte. Un témoignage reconnu non authentique doit être rejeté par là même. La question d'authenticité se pose la première, est capitale ;

2° l'*autorité morale* et *intellectuelle* du témoin, c'est-à-dire, d'une part, sa *sincérité* et son *impartialité*, de l'autre, son *intelligence* et sa *compétence*, ou le contraire.

C'est la critique qui fonde l'histoire comme science. Le raisonnement critique est analogue à l'induction ; il procède par *élimination* : étant donné un témoignage, si l'on peut prouver qu'il ne provient ni de l'ignorance ni de la mauvaise foi du témoin, on conclut qu'il est fondé, ou que le fait attesté est vrai.

III. *Histoire proprement dite.* — L'histoire est le récit des faits dont la preuve a été préalablement établie au moyen de la critique. Elle relève de l'art autant que de la science : elle est l'art de présenter les faits dans le meilleur ordre, de les éclairer les uns par les autres, de les rendre intelligibles et intéressants.

IV. *Philosophie de l'histoire.* — Elle est faite de considérations ou de vues d'ensemble sur l'histoire ; elle cherche à découvrir les lois générales qui règlent la marche des événements : ainsi Bossuet voit dans l'histoire la réalisation d'un dessein providentiel ; Aug. Comte y voit le progrès en marche. La philosophie de l'histoire est souvent conjecturale, mais, si elle manque son but, ce but ne doit pas être pour cela déclaré inaccessible, et encore moins indigne d'être poursuivi. Elle a préparé la sociologie.

MÉTHODE DE LA SOCIOLOGIE

Définition. — La sociologie est la science des sociétés considérées sous leur forme *positive* ou *réelle*, par opposition à l'étude des sociétés considérées sous leur forme idéale ou parfaite (Platon, Rousseau).

Cette science est devenue possible depuis que Montesquieu a établi que les phénomènes sociaux, comme les phénomènes physiques, chimiques, ont leurs *lois.* Longtemps on a cru que ces lois étaient tenues en échec par la *liberté humaine.* Mais la liberté n'anéantit pas les lois sociales, elle est obligée de tenir compte de ces lois, de les appliquer, de s'y conformer et, en s'y conformant, elle accroît elle-même son pouvoir, elle étend son empire sur les choses, son champ d'action. Ce qui a retardé l'avènement de la science sociale, ce n'est pas seulement une fausse conception de la liberté, c'est encore et surtout la complexité des faits, leur enchevêtrement, leur nombre, et partant la difficulté de les démêler, de les isoler, de faire la part d'influence de chacun, d'expliquer leur interaction.

Division. — 1° Division d'Auguste Comte, calquée sur celle de la mécanique.

SCIENCE SOCIALE

Statique sociale. — Étude de la société à l'état de *repos*. On établit les *lois de coexistence* des phénomènes sociaux ou les *conditions de l'ordre*. Ex. : le libre échange et la prospérité économique sont des phénomènes liés, toujours donnés ensemble.

Dynamique sociale. — Étude de la société *en mouvement* (considérée dans son évolution). On établit les *lois de succession* des phénomènes sociaux ou les *lois du progrès*. Ex. : la *loi des trois états* (théologique, métaphysique, positif.)

2° Division de Durkheim calquée sur celle des sciences naturelles.

SOCIOLOGIE.

Morphologie sociale. — Sociétés considérées dans leur répartition sur le globe, dans leur population, densité, volume, etc.

Physiologie sociale. — Sociétés considérées dans leurs fonctions diverses :
Sociologie économique.
— juridique.
— religieuse.
— morale, etc.

Sociologie générale.

Méthode. — La sociologie est une science d'*observation* et d'*expérience*. Elle observe les faits passés au moyen de l'*histoire*, les faits présents au moyen de la *statistique*. Comme elle étudie les faits sociaux considérés dans leur généralité, il lui faut, après avoir réuni un grand nombre de faits, *comparer* ces faits en vue d'en dégager les caractères communs et d'en tirer des *lois*.

RAPPORT DE L'HISTOIRE
ET DES SCIENCES SOCIALES

La mathématique peut être considérée à la fois comme une *science spéciale* et comme l'*instrument* des autres sciences, par exemple de la physique. De même l'histoire, en même temps qu'elle est une science distincte, ayant un objet propre, est une *science auxiliaire* de la sociologie; elle lui fournit ses *matériaux*, au moins en partie; elle lui fournit aussi un *point de vue*, une *méthode*: les faits sociaux, en effet, doivent être étudiés dans leur *histoire*, dans leur développement ou leur devenir; bien plus, si on suppose qu'ils vont se *compliquant*, en retracer l'histoire, remonter à leur origine, c'est en dégager les *éléments*, les *expliquer*.

MORALE

—

Morale théorique.

OBJET ET CARACTÈRE

Définition. — Étymologiquement la morale est la science des mœurs. Mais on distingue « la science des mœurs » et « la morale », la première étant la science des mœurs, telles qu'elles existent en fait ou *réelles*, la seconde, la science des mœurs, telles qu'on voudrait qu'elles fussent ou *idéales*.

Thèse. — La morale, entendue comme *science des mœurs*, mérite seule le nom de science; son point de vue est théorique : elle ne se préoccupe que de ce qui est; sa méthode est l'expérience et l'induction; les lois qu'elle établit sont tirées des faits, ne sont pas *a priori* et arbitraires.

Antithèse. — La *science des mœurs* est en effet une science, mais cette science est *sociologique*, non *morale*. La *morale* proprement dite est une science à part, *normative*, *pratique* et non *théorique*, ayant en vue ce qui doit être, non ce qui est; sa méthode n'est pas l'expérience; les lois qu'elle établit ne sont pas tirées des faits, elle les dépassent; elles sont *a priori*, sans être pour cela arbitraires; enfin les lois morales ne sont pas, à proprement parler, des *lois*, mais des *règles*.

Synthèse. — La *morale*, pour être distincte de la *science des mœurs*, n'en est pas moins tributaire de cette science. C'est du spectacle des mœurs existantes et du dégoût ou de la répulsion qu'inspire le mal réel que sort l'idée du bien, et cette idée garde l'empreinte des mœurs mêmes auxquelles elle s'oppose. Enfin la morale vise à réformer les mœurs. Or, pour réformer les mœurs, il faut en tenir compte, il faut que la fin idéale proposée soit accessible à la volonté, soit en rapport avec les besoins et les instincts de la nature humaine, par conséquent qu'elle ait une base psychologique et réelle.

LES DONNÉES DE LA CONSCIENCE MORALE : OBLIGATION ET SANCTION

Définition. — On distingue la *conscience psychologique* et la *conscience morale*. La première est la connaissance que l'homme a de ses états, en particulier de ses actes; la seconde est la connaissance qu'il a de la *valeur* de ses actes. La première est donc un *témoin*, la seconde, un *juge*. Par *données de la conscience*, on entend les notions fondamentales impliquées dans toute conscience. Ces notions sont l'*obligation* et la *sanction*.

I. — OBLIGATION MORALE OU DEVOIR

L'obligation s'oppose, d'une part, à la *nécessité* ou *contrainte* : la nécessité supprime la liberté, l'obligation la laisse subsister; de l'autre, à l'*anomie* ou absence de toute loi : obligatoire est le contraire de facultatif. L'obligation consiste donc à être *moralement tenu* de faire une chose, tout en restant *matériellement libre* de ne pas la faire.

Le mot qui rend le mieux l'idée d'obligation est celui d'*impératif*.

Deux sortes d'impératif	conditionnel ou hypothétique,	qui indique un *moyen* pour atteindre une fin. Ex : Si tu veux être cru, ne mens point.
	inconditionnel, absolu ou catégorique	qui pose une *fin* à atteindre. Ex : Ne mens pas.

Le devoir est un *impératif catégorique*; il s'oppose par là à l'intérêt, qui conseille, ne commande pas, ou qui est un simple *impératif hypothétique*.

Le devoir a encore un autre caractère, l'*universalité*. C'est ce qu'indique la formule de Kant : « Agis de telle sorte que ta maxime de ton action puisse être érigée en règle *universelle* ». Pour savoir si une action est conforme ou contraire au devoir, il suffit de se demander si on peut souhaiter que tous les hommes l'accomplissent; si oui, elle est morale; si non, elle ne l'est pas.

La règle de Kant fournit donc un signe distinctif ou *criterium* du devoir, mais elle ne définit pas le devoir lui-même, ne le justifie pas, n'en indique pas la raison ou fondement.

De ce que le devoir est : 1° *universel*, 2° *nécessaire* (l'obligation est une *nécessité morale*, sinon physique), il suit qu'il est *a priori*, c'est-à-dire qu'il est posé par la raison ou la conscience, et n'emprunte rien à l'expérience. Bien plus, l'expérience, qui fournit au devoir l'occasion de s'exercer, la matière à laquelle il s'applique, est, aux yeux de Kant, sans valeur. « Il n'y a qu'une chose vraiment bonne, c'est la *bonne volonté*. La bonne volonté est comme la pierre précieuse qui vaut par elle-même, non par les usages auxquels on l'emploie. » Cette théorie de la moralité en soi, qui réside toute dans l'*intention*, non dans l'*acte* (cf. la théorie théologique de la *foi sans les œuvres*) constitue ce qu'on appelle le *formalisme moral*.

Kant définit le devoir, en indique l'objet ou le fondement, quand il pose cette règle : « Agis de telle sorte que tu traites l'*humanité* (ou la *personne humaine*) en toi et dans les autres comme une *fin*, et que tu ne t'en serves jamais comme d'un moyen ». Autrement dit, le devoir repose sur la distinction de la *personne* et des *choses*. La *personne* seule a des devoirs et des droits, est digne de respect, a une valeur absolue; c'est pourquoi il faut la laisser accomplir sa destinée, aller à sa fin. Les *choses* n'ont aucune valeur en soi, ne valent que par rapport aux personnes, ne sont pour elles que des moyens. Respecter la personne humaine, ne pas l'assimiler aux choses, reconnaître sa dignité, sa valeur absolue, son caractère sacré, c'est là tout le devoir.

II. — LA RESPONSABILITÉ OU SANCTION

I. — A quelles conditions et dans quelle mesure sommes-nous responsables?

Pour être responsable, il faut :

1° Être *raisonnable*, c'est-à-dire capable de comprendre ce qu'on fait, de saisir la nature, la portée et les conséquences de ses actes, et de comprendre la *valeur morale* de ses actes, de discerner le bien du mal.

2° Être *libre*, c'est-à-dire capable de réaliser ou non le bien que l'on conçoit, de choisir entre le bien et le mal.

II. — Vis-à-vis de qui sommes-nous responsables?

1° Vis-à-vis de nos semblables.

Responsabilité sociale { vis-à-vis des tribunaux ou légale.
{ vis-à-vis de l'opinion ou morale.

2° Vis-à-vis de nous-mêmes ou de notre conscience.
Responsabilité personnelle.

III. — De quoi sommes-nous responsables?

1° De nos *intentions*, car un acte accompli sans intention n'est pas imputable.

2° De nos *actes* en tant qu'intentionnels ou prémédités.

Mais, comme il n'y a d'intention certaine que celle qui est suivie d'effet, nous sommes donc responsables seulement d'intentions suivies d'actes ou d'actes intentionnels; en d'autres termes, nous sommes responsables *antécédemment* de nos intentions et *conséquemment* de nos actes.

IV. — En quoi consiste la responsabilité?

1° Dans le mérite et le démérite.
2° Dans la sanction.

Définition. — Le mérite consiste à s'élever au-dessus et le démérite à tomber au-dessous de soi-même (*hausse* et *baisse* morales). Le mérite est en raison composée de l'*importance* du devoir et de la *difficulté* qu'il y a à le remplir (Paul Janet).

Définition. — La sanction est la récompense ou la peine attachée à l'accomplissement ou à la violation d'une loi.

Division. — Donc autant de sanctions que de lois. Or, on distingue trois sortes de lois : naturelles, sociales, morales.

Sanctions :

Naturelle : Conséquences avantageuses ou funestes, qui découlent de nos actes en vertu des lois physiques, et qui sont regardées comme la récompense ou le châtiment de ces actes.
Ex. : la maladie, suite naturelle de la débauche, interprétée comme expiation.

Sociales

Sanction *légale* ou des tribunaux : exclusivement pénale et, comme telle, insuffisante, incomplète, d'ailleurs sujette à erreur.

— *de l'opinion publique* : estime ou mépris ; sanction souvent injuste, l'opinion publique étant aveugle, irraisonnée, d'ailleurs flottante dans ses jugements.

Intérieure ou individuelle : satisfaction morale ou remords. Seule elle a un caractère proprement moral, mais elle peut être jugée insuffisante.

Critique du mot *sanction.* Ce mot a plusieurs sens. La sanction

1° *précédant* l'acte, apparaît comme un *motif* d'agir, à savoir comme
un moyen de *correction* ou *d'amendement;*
un *exemple.*

2° *suivant* l'acte, apparaît comme une *réparation*, matérielle ou morale, ou comme une *expiation.*

LES MOBILES DE LA CONDUITE
OU LES FINS DE LA VIE HUMAINE

On peut concevoir ces fins comme *réelles* ou *idéales;* dans les deux cas, elles constituent ce qu'on appelle le *bien.*

Le *bien*, entendu comme fin *réelle* de la conduite, est le *bonheur.*

Le *bien*, entendu comme fin *idéale* de la conduite, est le *devoir.*

I. — MORALE EMPIRISTE OU EUDÉMONISTE
(MORALE DU BONHEUR)

Le bien est la fin que les hommes poursuivent tous en fait, c'est-à-dire le *bonheur*; mais le bonheur, c'est pour les uns le *plaisir*, pour les autres l'*intérêt*, soit *personnel*, soit *général*.

Morale du plaisir (*hédonisme*). — Tout plaisir est un bien et le plaisir est le seul bien. Il n'y a donc pas lieu de choisir entre les plaisirs, il faut les prendre tous; il faut se plonger dans la volupté présente, sans souci du lendemain : *carpe diem*. — Morale impraticable. On ne peut prendre tous les plaisirs ensemble; il y en a qui s'excluent. Au reste le plaisir continu ennuie. Donc la fin proposée est inaccessible. C'est ce que reconnaît l'hédoniste Hégésias concluant au suicide.

Morale de l'intérêt (*utilitarisme*). — L'hédonisme fait injure à la nature humaine, qui ne saurait se complaire dans l'aveuglement, s'interdire la prévoyance. S'il faut rechercher le plaisir, il faut le rechercher avec réflexion et intelligence. Il faut substituer à la poursuite aveugle et vaine de *tous* les plaisirs, la recherche éclairée de l'*intérêt* ou du *plus grand plaisir*. La fin à poursuivre devient alors le *maximum de plaisir*, le *minimum de souffrance*.

Épicure s'en tient à la seconde partie de la formule : le *minimum de souffrance*. Sa conception du bonheur est négative. Pour lui, c'est déjà être heureux que de ne pas souffrir. Distinction des *désirs naturels et nécessaires*, — *naturels et non nécessaires*, — *ni naturels ni nécessaires*. Pour être heureux, il faut borner ses désirs et préférer le *plaisir stable* ou *en repos* au *plaisir en mouvement*.

Bentham cherche à réaliser plutôt le *maximum de plaisir*. Il procède à une évaluation des plaisirs par les règles de l'*arithmétique morale* : tout plaisir a un coefficient d'*intensité*, de *durée*, de *proximité*, de *pureté*, de *fécondité*, de *certitude*, d'*étendue*. Cette arithmétique est artificielle : deux personnes différentes ne sauraient s'accorder sur la valeur à attribuer à tel caractère du plaisir (ex. : l'intensité), pris en soi, ou par rapport à un autre caractère. Bentham met l'*étendue* (portée sociale du plaisir) au-dessus des autres caractères, fondant

ainsi la morale de l'intérêt général, résumée dans la formule :
« le plus grand bonheur pour le plus grand nombre ».

Toute morale utilitaire se heurte à la difficulté, pour ne pas
dire à l'impossibilité de concilier : 1° les intérêts particuliers
entre eux ; 2° l'intérêt particulier et l'intérêt général. Bentham
nie le conflit de ces intérêts, mais à tort ; il est réel, sinon
insoluble.

Supposons-le résolu, l'utilitarisme de Bentham sera encore
insuffisant, selon Stuart Mill, parce qu'il ne tient compte que
de la *quantité* des plaisirs et fait abstraction de leur *qualité*.
Le bonheur, en effet, pour l'homme, est fait de plaisirs,
valant par eux-mêmes, délicats, élevés, d'un mot, conformes à
la *dignité* de sa nature. Mais, en introduisant ainsi dans la
morale utilitaire la considération de la *qualité*, Stuart Mill
dépasse cette morale et en abandonne le principe ; il élève au-
dessus du plaisir la *dignité*, qu'il pose comme le bien suprême
auquel il faut sacrifier tout, même le plaisir.

La morale utilitaire en vient ainsi finalement à se renier
elle-même.

II. — MORALE DU SENTIMENT

Le *sentiment* s'oppose à l'intérêt et au plaisir ; il revêt
plusieurs formes : la *bienveillance*, la *sympathie*, l'*honneur*,
la *pitié*, etc.

a) **Morale de la sympathie** (Adam Smith). — La sympathie
est « la faculté de partager les passions d'autrui ». Elle est
désirable en soi ; on aime à l'inspirer et à l'éprouver. Elle est
de plus le criterium de la moralité ; car elle va exclusivement
aux bons sentiments ou plutôt les sentiments sont bons, en
tant qu'ils excitent la sympathie et dans la mesure où ils
l'excitent.

Cette thèse est exagérée et même faussé. Adam Smith le
reconnaît lui-même, car il distingue une sympathie qui s'égare
et une sympathie fondée et il est obligé de recourir à la fiction
d'un *spectateur impartial*, plaçant toujours bien sa sympathie,
nom sous lequel se déguise « la conscience », de laquelle on
prétendait se passer ou plutôt qu'on visait à remplacer.

b) **Morale de l'honneur** (A. de Vigny, E. Faguet). —
L'honneur, en tant que principe moral, est le désir d'être

estimé, et l'estime est elle-même une sympathie d'un genre spécial : la sympathie dans l'ordre moral. Mais, comme il y a une sympathie qui s'égare sur des objets indignes et une sympathie bien placée, il y a aussi l'honneur qu'on rencontre sans en être digne et l'honneur dont on est digne sans l'obtenir. L'honneur n'est donc pas plus que la sympathie un criterium du bien. Mais par sentiment de l'honneur il faut entendre le désir d'être *honorable* plutôt que d'être honoré. Soit ! Mais ce changement équivaut à la substitution du spectateur impartial à la sympathie dans la théorie d'Adam Smith.

Véritable rôle de l'honneur en morale : il s'ajoute au sentiment moral, le renforce, lui sert d'auxiliaire, d'appoint, mais ne saurait le remplacer. « L'honneur, c'est la conscience exaltée » (Vigny), c'est-à-dire la conscience personnelle, confirmée par l'approbation de la conscience d'autrui.

c) **Morale de la pitié** (Schopenhauer). — La pitié est le principe de toute vertu, comme la cruauté ou la dureté de cœur est le principe des crimes et autres formes du mal. Être *juste*, c'est avoir pitié des autres, ne pas vouloir être pour eux une cause de souffrance ; être *charitable*, c'est pousser la pitié plus loin encore, jusqu'à prendre sa part de la souffrance des autres, jusqu'à se substituer à eux pour souffrir. Mais la pitié peut pécher par excès ou par défaut. De toute façon, elle a besoin d'être réglée, elle ne peut donc être prise pour règle. Il en est ainsi de tout sentiment, quel qu'il soit. Donc le sentiment ne saurait fonder une morale[1].

LE BONHEUR ET LE DEVOIR

Deux thèses :

1° Il faut opter entre le bonheur et le devoir ; on ne peut poursuivre l'un et l'autre à la fois (Kant).

2° On peut concilier le bonheur et le devoir, ou plutôt le bonheur et le devoir au fond s'accordent. Cette seconde théorie sera la nôtre.

1. Après le *sentiment*, le programme porte : la *raison*. Mais la fin morale, selon la raison, c'est le *devoir* dont il a été parlé plus haut. Nous n'avons donc pas à y revenir.

Mais il faut partir d'une définition précise du bonheur et entendre par ce mot, avec Descartes, non pas l'*heur* ou le *bonheur*, qui vient de la fortune ou des circonstances, mais la *béatitude*, c'est-à-dire le bonheur qui réside en nous, qui tient à nos dispositions d'âme, d'un mot, le contentement intérieur. Le bonheur, ainsi défini, ou bien est pris pour fin morale et devient alors l'objet du devoir ou bien est la conséquence ou suite naturelle du devoir rempli. Dans les deux cas, le bonheur s'accorde avec le devoir.

Au reste ceux qui prétendent que le bonheur s'oppose au devoir en viennent finalement à admettre ou que la vertu est à elle-même sa récompense, autrement dit donne le bonheur, ou qu'elle donne droit au bonheur et sera récompensée dans une autre vie (Kant).

LA PERFECTION INDIVIDUELLE
ET LE PROGRÈS DE L'HUMANITÉ

L'opposition de l'individu à la société n'est pas justifiée. En effet, l'individu ne peut exister matériellement ni moralement en dehors de la société; il lui doit tout : son intelligence, sa culture, sa moralité aussi bien que sa nourriture, son vêtement, etc. Inversement, la société n'existe que dans les individus et par eux. On ne saurait donc concevoir un intérêt individuel non plus qu'un perfectionnement de l'individu entièrement distincts de l'intérêt social et du progrès de l'humanité.

Toutefois la moralité de l'individu est à quelques égards distincte du progrès social; ainsi le développement des arts, des sciences, a paru entraîner la corruption des mœurs privées (Rousseau). Le progrès social a paru aussi pouvoir être directement poursuivi, sans le consentement des individus et même contre eux. Mais en réalité la moralité est imparfaite, quand elle reste purement individuelle et inversement le progrès social ne peut être réalisé et maintenu qu'autant qu'il a pour base la moralité individuelle. Dans l'idéal et en fait, le perfectionnement de l'individu et le progrès social sont donc solidaires, inséparables.

Morale pratique.

$$Ses\ divisions \begin{cases} \text{Morale personnelle,} \\ - \quad \text{domestique,} \\ - \quad \text{sociale,} \\ - \quad \text{civique et politique.} \end{cases}$$

I. — MORALE PERSONNELLE

I. *Le sentiment de la responsabilité.* — Ce sentiment est lié à celui du devoir. Fuir la responsabilité serait se soustraire au devoir. Deux façons de fuir la responsabilité : restreindre, limiter son action ; se décharger sur les autres de sa responsabilité propre. Le premier devoir de l'individu est de prendre conscience de *tout* son devoir, de comprendre que le devoir, et partant la responsabilité, croît avec le *pouvoir*, avec le pouvoir social (Noblesse oblige), avec la richesse, avec la supériorité intellectuelle, morale, etc. Par conséquent, au lieu de redouter et de fuir la responsabilité, il faut la rechercher, non par forfanterie ou vanité, mais par devoir.

II. *La vertu et le vice.* — « La vertu, dit Aristote, est une habitude : un acte de vertu ne fait pas plus la vertu qu'une hirondelle ne fait le printemps. » La vertu est donc la *constance dans le bien*. De même le vice est la *constance dans le mal* : c'est ce qui explique, justifie et fonde la *loi de sursis*. Quand on dit que la vertu est une habitude, il faut entendre encore qu'elle est *acquise*, non *naturelle* : en effet la vertu de tempérament n'est pas proprement une vertu ; la bonté naturelle est *débonnaireté* (Montaigne) ; si elle n'est pas une faiblesse, elle est du moins sans mérite. De même le vice constitutionnel est une maladie, non un vice.

Enfin l'habitude du bien n'est une vertu que si elle est : 1° contractée librement, 2° maintenue, conservée ensuite par un acte de volonté, par une sorte de fidélité aux principes adoptés, aux engagements pris. Une habitude imposée et subie ne serait pas méritoire, ne constituerait pas une vertu.

III. La dignité personnelle et l'autonomie morale. — La dignité personnelle est le principe du devoir en général, du devoir personnel en particulier. C'est ce qu'indique la formule de Kant : « Agis de telle sorte que tu traites la personne humaine *en toi* et dans les autres comme une fin, et que tu ne t'en serves jamais comme d'un moyen ».

Mais « la dignité de l'homme réside dans la pensée » (Pascal), ce qu'on peut interpréter en disant qu'il ne doit relever que de sa raison ou de sa conscience, qu'il lui appartient de se diriger lui-même suivant ses lumières. Autrement dit, la *dignité personnelle* consiste dans l'*autonomie morale*. Kant exprime l'autonomie morale par cette formule : « Agis comme si tu étais à la fois *législateur* et sujet dans la république des fins ».

II. — MORALE DOMESTIQUE

I. Constitution morale de la famille. — Au lieu d'étudier les différentes manières dont la famille s'est constituée *historiquement*, nous chercherons quelle est la forme *idéale* qui lui convient, en considérant :

1° *La relation des époux entre eux.* — L'union *monogamique* s'accorde seule avec la dignité de la femme et l'égalité des époux. Cette union est *indissoluble*, au moins en principe, car, en fait, le divorce apparait comme légitime, lorsque les engagements, que comporte le mariage, sont violés par l'un des conjoints.

2° *La relation des parents et des enfants.* — Il n'y a pas un droit *naturel* des parents sur les enfants, droit qui serait fondé sur les liens du sang et qui serait *absolu*, analogue à un droit de propriété. Le droit des parents n'est qu'une conséquence de leurs *devoirs* envers leurs enfants, qu'une condition de l'accomplissement de ces devoirs. De là vient que, s'ils manquent à leurs devoirs, ils sont *déchus* de leurs droits. Toutefois la famille ne repose pas uniquement sur des relations de droit juridique ou même moral, mais encore sur les bases naturelles de l'affection, développée par la vie en commun.

II. *Rôle social de la famille.* — La famille est antisociale : elle est une source d'égoïsme, de division et de haines dans la cité (Platon). Comme toute société, la famille a ses vices ; ils sont rachetés par ses vertus. Elle est en réalité une des bases de l'État : c'est dans la famille que l'individu fait l'apprentissage des vertus sociales.

III. *L'autorité dans la famille.* — Deux cas à distinguer :

1° Celui où l'autorité est invoquée à tort, ex. : l'autorité du mari sur la femme. Le mari et la femme sont en réalité des égaux ; ils se partagent l'autorité, chacun d'eux l'exerçant dans les fonctions qui lui appartiennent en propre.

2° Celui où l'autorité est réelle et fondée, ex. : l'autorité des parents sur les enfants. Principe de cette autorité : les parents se créent des droits sur leurs enfants par les devoirs qu'ils remplissent envers eux : droits à l'obéissance, au respect, à la reconnaissance, à l'affection, à l'assistance matérielle en cas de besoin. La forme sous laquelle s'exerce cette autorité est avant tout morale, comme le principe sur lequel elle repose.

III. — MORALE SOCIALE

I. — LE DROIT

Définition. — Droit veut dire *pouvoir*, mais il faut distinguer le *pouvoir matériel* d'accomplir un acte ou la force, et le *pouvoir moral* d'accomplir cet acte ou le *droit*. Le droit, c'est le pouvoir d'accomplir un acte, quand il est légitime et dans la mesure où il l'est (Pour qu'un acte soit légitime, il suffit qu'il ne soit pas défendu, il n'est pas nécessaire qu'il soit moral).

Origine du droit. — 1° *Théorie empiriste ou sceptique.* — Le droit, c'est la force, s'imposant d'abord, se faisant ensuite accepter, agréer ; ou encore, c'est la force consacrée par la tradition, la coutume, la loi. Expliquer ainsi le droit, c'est le nier ; si le droit se ramène à la force, il n'existe pas.

2° *Théorie rationaliste.* — Le droit s'oppose au *fait* ; il n'a pas besoin, pour être, de triompher, semblable en cela au devoir, qui subsiste, alors même qu'il n'est pas rempli. Le droit est un *idéal*. Toutefois il ne doit pas rester platonique et vain ; il est tenu de s'affirmer, de se défendre et c'est pourquoi il justifie l'emploi de la force. Si le droit n'a pas pour origine, il a pour condition la force. C'est ce qu'exprime ce symbole : le glaive de la Justice.

Il faut distinguer, dans le droit, deux éléments subordonnés l'un à l'autre, ou deux formes dérivées l'une de l'autre, à savoir :

1° Le *droit naturel*, primitif et fondamental, qui a, comme le devoir, son principe dans la dignité humaine. Le devoir est le respect de la personne humaine, le droit est le titre de la personne humaine au respect.

2° Le *droit de légitime défense* ou droit de contrainte, qui découle du premier. Le droit de défense en effet suppose un droit à défendre ; la force n'est légitime qu'autant qu'elle est au service du droit. Le droit de défense, qui appartient en principe à l'individu, doit être exercé cependant, non par lui, mais par la société, mieux armée pour défendre le droit en toutes circonstances et mieux placée ou mieux qualifiée pour le faire, en tant qu'impartiale et désintéressée.

II. — LA SOLIDARITÉ

Définition. — La solidarité, au sens le plus général, est la dépendance réciproque qui existe : 1° entre les parties d'un tout ; 2° entre un tout et ses parties.

La solidarité est ébauchée dans le monde inorganique, où les phénomènes sont reliés par des lois, réalisée dans le monde vivant où règne la finalité, achevée dans le monde social.

La solidarité sociale se présente sous trois formes : économique, organique, intellectuelle et morale, et peut être considérée : 1° comme un *fait naturel*, 2° comme une *règle morale* ou un *idéal* à atteindre.

I. La solidarité, fait naturel. — Étudions-la sous ses trois formes :

1° *Solidarité économique*, dépendance qui existe entre les hommes dans l'ordre des services et des intérêts matériels :

a) Dans l'*espace*, solidarité économique entre les nations, échange de marchandises d'un pays à l'autre, échange de services entre les hommes de différentes professions dans une même société ;

b) Dans le *temps*, solidarité économique entre les générations ; le travail et l'épargne des pères font la richesse des enfants.

2° *Solidarité organique :*

a) Dans l'*espace* : ex. : propagation contagieuse des maladies;

b) Dans le *temps* : hérédité du tempérament, des maladies.

3° *Solidarité intellectuelle :*

a) Dans l'*espace* : influence intellectuelle du milieu, échange de connaissances entre les pays, etc. ;

b) Dans le *temps* : transmission à travers les générations des connaissances, des idées, d'une mentalité par la tradition, les livres.

4° *Solidarité morale :*

a) Dans l'*espace* : influence du milieu moral, des mœurs ambiantes, des coutumes ;

b) Dans le *temps* : tradition d'honneur, de probité, ou le contraire.

II. La solidarité, règle morale. — La solidarité n'est pas en elle-même morale; il en peut sortir le mal comme le bien. Elle est donc un fait qu'il ne s'agit pas d'accepter, mais de régler; il faut combattre ou mieux prévenir le mal qu'elle peut produire, développer le bien qu'elle peut engendrer. La solidarité n'est une règle morale qu'autant qu'elle est soumise à la justice. Mais elle fournit à la justice une matière, un domaine où elle s'exerce; elle lui est une occasion de devenir plus large, et en même temps plus précise, plus sûre en ses applications, plus parfaite.

III. — JUSTICE ET CHARITÉ

Distinction de la justice et de la charité. — Formule de la justice : *Neminem læde.* Ne fais pas à autrui ce que tu ne voudrais pas qu'on te fît à toi-même.

Formule de la charité : *Omnes, quantum potes, juva.* Fais à autrui ce que tu voudrais qui te fût fait à toi-même.

La justice est donc une vertu *négative*, d'abstention, s'exprimant par une prohibition ou défense; la charité, une vertu *positive*, d'action, s'exprimant par un commandement ou précepte.

La justice est encore un devoir *strict* ou *de droit*, c'est-à-dire qu'on peut *contraindre* les autres à remplir, qu'on est en *droit d'exiger* d'eux, et la charité, un devoir *large* ou *de vertu*, ce qui ne veut pas dire *facultatif* (la charité est un devoir, et tout devoir est *obligatoire*), mais *non exigible*. — Si la justice est un devoir strict, ce n'est pas qu'elle soit toujours et dans tous les cas un devoir plus important à remplir que la charité, mais c'est qu'elle est un devoir net, clair, bien défini, incontestable. Inversement, si la charité est un devoir large, c'est qu'on en peut contester l'obligation, l'utilité, la raison d'être ou le fondement, voire même l'innocuité. Par suite on comprend que tel devoir, à l'origine vague, mal défini, devenant, pour une conscience plus éclairée, net, précis et clair, change de nature et de nom et, de devoir de charité qu'il était, devienne un devoir de justice. C'est ainsi que le *devoir d'assistance*, qui paraît encore à beaucoup un devoir de charité, est en réalité un devoir de « justice *réparatrice* » (A. Fouillée). La distinction de la justice et de la charité est donc relative.

On justifierait autrement cette distinction en disant avec Renouvier que la charité serait la vertu d'une société parfaite vivant à « l'état de paix » et que la justice est la vertu qui convient aux hommes que nous sommes, vivant à « l'état de guerre ».

Relation de la justice et de la charité. — La justice a pour complément et pour correctif la charité. *Summum jus, summa injuria.* Cela est vrai, non seulement de la justice réduite à la légalité (formalisme, interprétation judaïque ou littérale de la loi), mais encore de la justice véritable ou proprement dite; celle-ci a besoin d'être humaine, indulgente, ouverte à la pitié, en un mot pénétrée de l'esprit de charité (l'*équité* d'Aristote).

Inversement la charité suppose la justice. La charité injuste, partiale ou même simplement aveugle, n'est plus une vertu.

IV. — LES DROITS

1° *Le droit de vivre.*

A) *Fondement ou principe.* — Toute vie est sacrée, non en elle-même, mais en tant qu'elle a une *valeur morale*. Pour qu'une vie ait une valeur morale, il n'est pas nécessaire qu'elle soit *actuellement*, il suffit qu'elle soit *virtuellement* morale, d'où vient que l'enfant, comme l'homme, a des droits.

B) *Étendue et limites.* — Le droit d'un homme a pour limite le droit des autres hommes. Si donc la vie d'un homme est un danger pour la vie de ses semblables, cette vie peut lui être ôtée; c'est là un cas de légitime défense. Cependant on conteste la légitimité de la peine de mort, disant : 1° qu'elle n'est pas justifiée comme *moyen de défense*; il suffit de mettre le criminel hors d'état de nuire; 2° qu'elle ne se justifie pas non plus à titre d'*exemple*; il est certain que l'exemple ne porte pas toujours, mais il suffit qu'il soit efficace en certains cas; 3° la peine de mort, dans le cas où elle serait prononcée à tort, constitue un malheur irréparable.

Le droit de défense existe pour une *nation*, pour une *société*, comme pour un individu, d'où *légitimité de la guerre*, par laquelle un peuple défend son territoire, son indépendance.

2° *La liberté individuelle.*

Définition. — Liberté d'aller et de venir, *habeas corpus*, droit de disposer de son corps.

Formule : « Nul ne peut être accusé, arrêté ni détenu que dans les cas déterminés par la loi et selon les formes qu'elle a prescrites » (*Déclaration des droits de l'homme*, art. 7).

Limites. — On comprend que les nécessités de la répression sociale apportent une restriction à la liberté individuelle (prison préventive), mais cette restriction doit être réduite au minimum, d'où cette loi : « Tout citoyen arrêté doit être interrogé dans les vingt-quatre heures. »

3· *La propriété et le travail.*

Définition. — La propriété est le droit d'user des choses d'une façon absolue (*uti et abuti*).

Origine ou fondement. — Si la propriété dérive de la violence (conquête) ou de la ruse (fraude), ou même simplement de la spéculation, du jeu, elle est injuste, elle n'est pas un droit. Si elle n'a d'autre raison d'être que la première occupation ou la coutume, la loi, elle est encore insuffisamment justifiée. Le *travail* seul fonde la propriété, la rend légitime. Mais le travail lui-même suppose : 1° une *matière* sur laquelle il s'exerce et que l'individu n'a pas créée, à laquelle par conséquent il n'a pas droit; 2° des *procédés*, que l'individu n'a pas créés davantage, qui lui ont été légués par la société. La société est donc en droit de réclamer une part de la propriété individuelle, alors même que cette propriété dérive du travail. Cette part, elle la prélève en fait sous forme d'impôt et ainsi, en raison des charges qu'elle acquitte, la propriété issue du travail est justifiée.

Si elle ne se justifiait pas par elle-même, la propriété se justifierait par son *utilité sociale*. Elle est en effet un stimulant au travail, et le travail est la source de la richesse et de la prospérité sociale.

Limites. — La propriété est un droit *absolu* (*jus utendi et abutendi*); il faut qu'elle ait ce caractère, sous peine de cesser d'être. Mais le droit de propriété d'un homme a pour limite le droit de propriété des autres hommes : ainsi, à supposer qu'un propriétaire eût le droit de mettre le feu à sa maison, il ne pourrait faire usage de ce droit, s'il mettait par là en danger la maison de son voisin. Le droit de propriété a encore en certains cas pour limite l'intérêt commun (ex. : expropriation pour cause d'utilité publique). Enfin, moralement parlant, la propriété crée des devoirs : devoir d'assistance envers les pauvres, devoir envers la propriété elle-même, devoir de la gérer, de l'administrer, d'en faire usage « en bon père de famille ».

4° Liberté de penser.

Définition. — Droit d'avoir et de professer toutes les opinions en matière philosophique, scientifique, politique (liberté de pensée), religieuse (liberté de conscience).

Fondement. — 1° La liberté de penser repose sur l'*incertitude de toutes les opinions* et la *faillibilité de l'esprit humain* : tous les hommes pouvant se tromper, nul n'a le droit d'imposer son opinion comme la vérité. Est-ce à dire que, si l'on possédait la vérité absolue, l'on aurait le droit d'imposer cette vérité? Non, car la vérité ne s'impose pas par la force, mais se démontre et se propage par persuasion. L'intolérance est d'ailleurs néfaste par ses conséquences : elle va contre son but, elle révolte les consciences et ne réussit qu'à fortifier les opinions qu'elle combat.

2° La liberté de pensée repose en réalité sur la distinction de l'*opinion* et de l'*état d'esprit de l'opinant*. L'*opinion*, prise en elle-même, n'a droit à aucun ménagement, peut, si elle est fausse ou jugée telle, être combattue avec véhémence et passion, mais l'*opinant* doit être respecté, parce qu'on doit admettre *a priori*, jusqu'à preuve du contraire, que, quoi qu'il pense, il est sincère et de bonne foi. La tolérance est le respect des personnes dans la lutte des idées.

Limites. — La liberté de penser chez un homme a pour limite la liberté de penser chez les autres. La liberté de pensée individuelle peut avoir encore pour limite l'intérêt social : on comprend que certaines propagandes, en faveur de l'assassinat, par exemple, soient réprimées.

IV. — MORALE CIVIQUE ET POLITIQUE

1° LA NATION ET LA LOI

La loi est dans un pays l'autorité souveraine. Elle est discutée et votée par les représentants du peuple, ayant autorité pour parler en son nom et interpréter sa volonté. La loi représente donc la volonté nationale, au moins dans son ensemble, et il y aurait contradiction pour un peuple à entrer en révolte contre les lois qu'il s'est données.

2° LA PATRIE

La patrie est : 1° un *fait physique, géographique*, à savoir un pays ayant une unité, formant un tout, borné par des frontières naturelles, habité par des hommes de même race; 2° un *fait historique* et *social* : elle suppose un peuple ayant le même passé, les mêmes traditions, les mêmes souvenirs, parlant la même langue, ayant la même religion, obéissant aux mêmes lois, au même gouvernement; 3° un *fait moral*. La patrie est avant tout une *personne morale*, une *âme* commune. Elle est, chez les habitants d'un même pays, la volonté de vivre ensemble, de partager la même destinée, de combattre en commun pour défendre leur territoire, leur liberté, leur indépendance nationale; elle est encore la communauté de sentiments, l'attachement à un même idéal, à une même forme de civilisation.

3° L'ÉTAT ET SES FONCTIONS

Deux théories : étatiste et individualiste, portées, l'une, à étendre, l'autre, à restreindre les pouvoirs de l'État. Il y a des fonctions essentielles à l'État : la défense du pays (l'entretien d'une armée, d'une flotte), la défense de l'ordre (organisation de la justice, entretien d'une police). Il y en a d'autres qu'il est avantageux que l'État remplisse (exécution des travaux publics, organisation de l'instruction publique). Mais il y a des fonctions dont l'État se charge et dont il pourrait se dispenser, même avec avantage (fonction industrielle, commerciale, etc.).

Les trois pouvoirs : législatif, judiciaire, exécutif. La réunion de ces pouvoirs dans les mêmes mains constitue le despotisme ou du moins crée le danger du despotisme. Leur *séparation* est la meilleure garantie des libertés et des droits des citoyens (Montesquieu).

4· LA DÉMOCRATIE

La démocratie est le gouvernement du peuple. Son « ressort » est la « vertu », entendue comme l'amour des lois et de la patrie (Montesquieu). Son principe est « l'égalité ». Elle tend à établir la plus grande justice et la plus grande liberté. Quand elle dégénère en démagogie, elle devient le gouvernement le plus dangereux, celui qui mène le plus rapidement un peuple à sa ruine en vertu du principe : *Corruptio optimi pessima.*

MÉTAPHYSIQUE

Critique.

VALEUR ET LIMITES DE LA CONNAISSANCE

Le principal représentant, sinon le fondateur, de la critique est Kant, dont la philosophie est appelée *philosophie critique* ou *criticisme*. Le mot critique vient de χρίνω, examiner, juger.

L'objet de la critique est de chercher quelle est la *nature*, quelle est l'*origine*, quelle est la *valeur* ou la *portée* de la connaissance.

Sur l'**origine** de la connaissance, deux théories : *empirisme* et *innéisme* ou *rationalisme* (V. *Psychologie*).

Sur la **nature** de la connaissance

Deux théories

{

dualité du sujet et de l'objet, de la pensée et de l'être. (*Dualisme*).

réduction de l'objet au sujet, de l'être à la pensée (*Monisme*).

Trois hypothèses

{

accord de la pensée et de l'être, *adæquatio rei et intellectus.* **Dogmatisme**

désaccord de la pensée et de l'être. **Scepticisme**

l'être se modelant sur la pensée, en prenant la forme. **Relativisme**

Identité de l'être et de la pensée. **Idéalisme.**

De la *nature* de la connaissance se déduit sa valeur.

Trois théories

{

Scepticisme : La connaissance n'a aucune valeur.

Relativisme : La connaissance a une valeur, mais seulement relative à nous, à notre esprit.

Idéalisme : La connaissance a une valeur absolue, la pensée étant identique à l'être.

I. — Scepticisme.

Thèse : La connaissance n'a aucune valeur.

Arguments. — 1° Tiré de la *contradiction* (Montaigne).

Il n'y a pas d'opinion qui n'ait de contradicteurs.
Or la vérité, si elle existait, rallierait tous les suffrages.
Donc il n'y a pas de vérité.

2° Tirée de l'*erreur* (Descartes).

Les hommes se trompent quelquefois. Cela suffit pour que nous croyions qu'ils peuvent se tromper toujours; pour que nous les jugions incapables d'atteindre la vérité.

3° Le *diallèle* (progrès à l'infini et cercle vicieux).

« Pour juger des apparences que nous recevons des objets, il faudrait un instrument judicatoire; pour vérifier cet instrument, il en faudrait un autre; nous voilà au rouet » (Montaigne). — L'esprit ne peut prouver sa légitimité, étant à la fois juge et partie.

4° Argument tiré de la *liaison des vérités* (Pascal).

Toutes les vérités sont liées; on n'en peut connaître une, sans connaître toutes les autres. Or toute connaissance est partielle, donc sans valeur.

Réfutation. — La *contradiction* et l'*erreur* sont réelles, mais accidentelles, d'ailleurs provisoires; on n'en peut rien conclure contre la valeur de l'esprit humain; elles proviennent du *mauvais emploi* de nos facultés, non de la *nature* de nos facultés. Elles sont l'exception, non la règle. — Le *diallèle* repose sur une hypothèse gratuite, qui est la nécessité de tout prouver. — La *liaison des vérités* est certaine; mais, si elle ne peut jamais être totale, la connaissance n'est pas pour cela nulle, et encore moins fausse. — Enfin, comme on prouve le mouvement en marchant, on prouve que l'esprit humain est capable de vérité par les progrès qu'il accomplit chaque jour dans la science.

II. — Relativisme.

Toute connaissance est relative à l'homme en général, à chaque homme en particulier.

1° **La connaissance sensible est relative :**

a) *à l'homme en général.* — Supposons en effet l'homme constitué autrement qu'il n'est, ayant d'autres organes, d'autres sens, le monde lui apparaîtrait autrement.

b) *à chaque homme en particulier.* — En effet les couleurs ne sont pas les mêmes pour un daltonien et un homme normal ; les dimensions ne sont pas les mêmes pour un myope et un hypermétrope, etc.

2° **La connaissance intellectuelle ou scientifique est elle-même relative :**

a) *à l'homme en général.* — En effet la pensée humaine a ses formes, ses catégories (espace et temps, causalité, etc). On peut supposer une pensée affranchie de ces formes ou en ayant d'autres, qui concevrait la réalité autrement.

b) *à chaque homme en particulier.* — En effet chaque savant a sa mentalité, sa forme d'esprit, sa méthode : la pensée du philosophe n'est pas la même que celle du chimiste, celle du sociologue n'est pas la même que celle du physicien ou du mathématicien. De plus, chaque philosophe, mathématicien, sociologue, etc., a sa forme d'esprit propre : Pascal, par exemple, diffère de Descartes, soit comme mathématicien, soit comme philosophe.

III. — Idéalisme.

L'idéalisme supprime comme artificielle la distinction de l'être et de la pensée, tient les lois de la pensée pour valables, ne croit pas qu'on puisse s'élever au-dessus de ces lois, atteindre l'être autrement que par la pensée (par une intuition mystique par exemple) et que l'être soit et puisse être autre chose que le *pensé*. Cette doctrine ne supprime pas la distinction de l'*imaginaire* et du *réel*, car la pensée dont il s'agit est la pensée réfléchie, normale, qui se surveille, se critique, se juge, non la pensée livrée à elle-même, affranchie de toute règle, *intellectus sibi permissus*. L'idéalisme ainsi entendu pourrait être appelé un *positivisme rationnel*.

Ontologie ou théorie de l'être.

Trois formes de l'être : la *matière*, — la *vie*, — la *pensée*.

I. — LA MATIÈRE

Définition. — La matière, c'est ce dont tous les corps sont formés.

Deux théories : *mécanisme*, — *dynamisme*.

Mécanisme

atomistique (Démocrite, Épicure). Tous les corps sont formés d'atomes, c'est-à-dire de parties de matières si petites qu'on n'en peut concevoir de plus petites, ou *indivisibles*. La notion d'atome est contradictoire : l'atome en effet est étendu; or l'étendue est divisible à l'infini; l'atome ne peut être à la fois étendu et indivisible.

géométrique. La matière se ramène à l'étendue; les corps ne sont que des divisions de l'étendue (Descartes). En réalité des corps de même étendue diffèrent les uns des autres. Par quoi diffèrent-ils ?

Dynamisme. — Par la *force* ou l'énergie, qui est l'élément essentiel des corps, qui est toute leur réalité (Leibniz).

Propriétés de la matière. — On a distingué deux *qualités* ou propriétés de la matière :

1° Les *qualités secondes* (ou secondaires), relatives à nous, à notre constitution physique, à nos sens, ex. : la couleur, le son, la chaleur, l'odeur, etc. Ces qualités ne sont pas *réelles*, elles n'appartiennent pas aux corps; elles ne sont que *nos sensations* ou *états de conscience*. La chaleur n'est pas dans le feu, elle est en moi (Descartes); 2° les *qualités premières*, ou fon-

damentales, qui appartiennent au corps, et continueraient
d'exister, alors qu'il n'y aurait pas d'êtres sentants, ex. : l'étendue, le mouvement, l'impénétrabilité, etc. Cette distinction est
peu fondée. Les qualités premières sont *relatives* aussi bien
(quoique autrement) que les qualités secondes. La matière en
réalité n'existe pas en dehors de la pensée, en dehors d'une
conscience qui la *sent* ou qui la *pose*, à titre de *conception*.

II. — LA VIE

Définition. — La vie se distingue de la matière brute par la
sensibilité (ou *irritabilité*), la *spontanéité* (*mouvement spontané*) et la *finalité*.

Deux théories : *mécanisme — dynamisme.*

MÉCANISME

Le mécanisme est un *matérialisme*, ce mot étant pris au
sens large, au sens de mode d'*explication du supérieur par
l'inférieur*.

Ses formes :

a) **Mécanisme de Descartes**: les bêtes machines (*Disc. de la
Méth.*, 5ᵉ partie).

b) **Organicisme.** — La vie est une résultante des organes :
l'œil étant donné, la vision suit; l'estomac étant donné, la
digestion s'accomplit. L'organe lui-même est une simple combinaison de la matière. Les êtres vivants sont chimiquement
composés des mêmes éléments que les corps bruts; il n'y a
pas de différence essentielle entre la matière et la vie; à la
rigueur on pourrait fabriquer artificiellement les êtres vivants,
ceux-ci n'étant que des synthèses plus complexes que les corps
bruts.

DYNAMISME

La vie est distincte de la matière et n'en peut sortir. La vie
seule engendre la vie. *Omne vivum ex vivo*. Elle n'est sans
doute qu'un ensemble de phénomènes physico-chimiques, mais

l'*ensemble* de ces phénomènes est précisément dirigé, ordonné, ou, si on peut dire, voulu par une force intelligente, ou analogue à l'intelligence, que Cl. Bernard appelle une *idée directrice* ou *créatrice*. Cette force, c'est ce que l'école de Montpellier appelle le *principe vital*; d'autres l'appellent l'*âme* (*anima*) et ne séparent pas l'âme, principe de la vie, de l'âme, principe de la pensée (*anima-animus*).

III. — LA PENSÉE

Définition. — Le mot pensée est pris ici comme synonyme de *conscience*; c'est le sens donné par Descartes.

Deux théories : *Matérialisme*, — *spiritualisme*.

MATÉRIALISME

1° La pensée est une fonction du cerveau.

En effet, on observe une relation constante entre le cerveau et la pensée. Partout où il y a un cerveau, il y a pensée. — Pas de cerveau, pas de pensée. — Plus le cerveau est développé (poids, volume, nombre des circonvolutions, etc.), plus la pensée l'est aussi. — Les lésions du cerveau produisent des troubles de la pensée. — Localisations cérébrales.

La relation observée entre le cerveau et la pensée est réelle, mais est une relation de coexistence, non de cause à effet, encore moins de substance à mode.

2° La pensée est un mouvement du cerveau ou réductible à un mouvement du cerveau. Cette thèse est inadmissible : la pensée et le mouvement sont des phénomènes distincts, hétérogènes, « d'un autre ordre ».

SPIRITUALISME

Thèse : La pensée suppose un principe pensant, distinct du corps, appelé âme.

Arguments tirés :

1° De l'*unité* de la pensée. La pensée est une; elle est la réduction du multiple à l'un, *multorum in uno expressio*

(Leibniz). Le sujet pensant doit donc aussi être un; par suite, il ne saurait être le cerveau qui, étant matériel, est formé de parties.

2 De l'*identité* du sujet pensant. Le sujet pensant doit être *identique* à lui-même . ainsi il faut que le moi qui se souvient soit le même qui a perçu le fait dont il se souvient. Il suit de là qu'il ne peut pas être le cerveau, car le cerveau est soumis à la loi du *tourbillon vital* qui renouvelle sans cesse la matière vivante. Le sujet pensant ne peut donc être que spirituel.

Rapports de l'âme et du corps. — Le spiritualisme soulève, par sa distinction radicale de l'âme et du corps, le problème embarrassant de la *communication des substances* spirituelle et corporelle. Pour résoudre ce problème, on a imaginé :

1° L'hypothèse *des* **causes occasionnelles** (Malebranche) : L'âme n'agit pas sur le corps ni le corps sur l'âme, mais Dieu, à l'*occasion* des mouvements du corps, produit des pensées dans l'âme, et inversement.

2° La théorie *de* l'**harmonie préétablie** (Leibniz) : Dieu règle, une fois pour toutes, les pensées de l'âme sur les mouvements du corps et inversement (comparaison des deux horloges).

Ces deux théories impliquent le déterminisme absolu, ce qui est, pour quelques-uns, une raison de les rejeter.

3° On tranche la difficulté en réduisant les deux substances à une seule, l'âme : c'est l'**idéalisme**. Dans cette hypothèse, les corps ne sont plus que les représentations de l'âme. « Le monde est ma représentation » (Schopenhauer).

4° Une solution plus radicale du problème de la communication de l'âme et du corps consiste à nier toute *substance*, et à ne reconnaître que des *phénomènes*, c'est-à-dire des représentations : c'est le **phénoménisme**. Mais le phénoménisme a lui-même ses difficultés. Le problème de la communication des substances est remplacé par celui des rapports des phénomènes physiques et des phénomènes psychiques. On constate ces rapports, on renonce à les expliquer dans l'hypothèse du **parallélisme**, laquelle est analogue à celle de l'*harmonie préétablie*, et aussi difficile à accepter. On imagine encore un seul ordre de phénomènes : c'est le *phénoménisme idéaliste* ou **panpsychisme**, analogue au *spiritualisme moniste* ou *idéalisme substantialiste*.

IV. — LA LIBERTÉ OU LIBRE ARBITRE

A la distinction de la *matière*, de la *vie* et de la *pensée* répond celle de l'*automatisme* pur, de la *spontanéité* et de la *liberté*. Étudions la *liberté*.

Elle a été définie : 1° Le *pouvoir d'agir sans motif* (liberté d'indifférence). On croit prouver cette liberté par l'exemple classique, soit des guinées de Reid, soit de l'âne de Buridan. Mais la liberté d'indifférence n'existe pas et, si elle existait, nous serait parfaitement inutile. Elle n'existe pas : il y a toujours des motifs d'agir, mais ces motifs peuvent être inaperçus. La croyance à la liberté d'indifférence est donc seulement une illusion, née de l'ignorance des motifs : c'est ce qu'on prouve par l'exemple classique de la girouette de Bayle ou de l'aiguille aimantée de Leibniz. La liberté est en outre « le plus bas degré de la liberté » (Descartes); elle serait moralement sans emploi, puisqu'elle n'existerait que pour les actes inconsidérés et aveugles.

2° *Le pouvoir de choisir entre les motifs.* — Ce pouvoir n'est pas illusoire ou du moins ne provient pas d'une illusion née de l'ignorance des motifs, puisqu'au contraire il suppose la connaissance des motifs et est d'autant plus conscient que la connaissance des motifs est plus complète.

I. — *Examen des théories qui nient la liberté : fatalisme et déterminisme.*

A) Fatalisme. — Il consiste à admettre une puissance ou force mystérieuse (Destin, Providence, bonne ou mauvaise étoile, chance ou guignon, etc.), extérieure et supérieure à l'homme, par la vertu de laquelle les événements s'accomplissent, quelles que soient les volontés de l'homme.

Il n'y a qu'à rejeter l'hypothèse gratuite, sur laquelle repose le fatalisme; la force mystérieuse, qui est censée conduire les événements, n'existe que dans l'imagination des hommes. — Lors même que cette force existerait, les volontés humaines ne seraient pas nécessairement annihilées, pourraient être des conditions de l'accomplissement du destin.

B) Déterminisme. — Le déterminisme est un *fatalisme interne* ou psychologique : la fatalité est en nous, dans les motifs qui pèsent sur notre volonté et l'entraînent nécessairement (comparaison de la balance).

1° *Arguments* a posteriori, tendant à prouver que la liberté n'existe pas en fait. Ces arguments sont tirés de la **prévisibilité des actes** et s'énoncent ainsi :

Si, connaissant les motifs de nature à produire tels actes, on peut prédire à coup sûr ces actes, c'est que ces motifs ont une action nécessaire et que ces actes ne sont pas libres.

Or, étant donné le caractère d'un *individu*, on prévoit ses actes d'une façon certaine, pour peu qu'on connaisse d'une façon suffisante, sinon complète, et les circonstances dans lesquelles il se trouve placé ou les motifs d'agir, et sa façon de réagir contre ces motifs ou son caractère.

Si l'on considère les actes, non plus d'un *individu*, mais d'une *société*, on peut prévoir ces actes d'une façon encore plus précise et plus rigoureuse : ainsi la statistique établit le taux de la nuptialité, de la criminalité, etc., dans un pays donné, en un temps donné.

De ce fait de la prévision des actes humains, considérés individuellement ou en masse, on conclut que les motifs déterminant ces actes ont une action nécessaire, certaine.

Critique. — La prévision des actes n'est jamais certaine.

a) S'il s'agit d'un *individu*, sa conduite peut déjouer toutes les prévisions; il peut agir contre son caractère. Si même il agit toujours selon son caractère, reste à savoir si son caractère n'est pas lui-même le produit de sa liberté et si ses actes, qui en découlent, ne participent pas par là même indirectement à l'acte de liberté initiale d'où le caractère est sorti.

b) S'il s'agit d'actes, non plus individuels, mais collectifs, la prévision porte sur la masse, non sur le détail, sur le total, non sur les unités qui y entrent : ainsi on peut prédire qu'il y aura tant de suicides, mais non quelles personnes se tueront. Donc une certaine indétermination demeure, dans laquelle peut trouver place la liberté. — En outre, l'ensemble des actes peut être déterminé, les actes pris individuellement étant libres : il suffit pour cela d'attribuer à la liberté des effets contraires qui, dans l'ensemble, se compensent ou s'annulent.

2° *Arguments* a priori, tendant à prouver que la liberté non
seulement n'existe pas, mais encore ne *saurait être*. Ces arguments se tirent :

a) **du principe de causalité.** — Si la liberté existait, le
principe de causalité, base de la raison et de la science,
serait ruiné; un acte libre en effet serait un acte sans cause. —
Cette objection est très forte. Un acte libre en effet est, par
définition, « un commencement absolu », une création *e nihilo*.
Reste à savoir si la causalité, entendue comme une série de
causes remontant à l'infini, par conséquent sans commencement,
est elle-même plus intelligible que l'acte libre ou créateur.

b) *du principe de conservation de la force*. — Si la liberté
existait, comme elle est par définition un pouvoir créateur,
un pouvoir d'appeler à l'être ce qui sans elle n'eût pas été, il
ne serait plus vrai que « rien ne se crée ». — Mais le principe
de conservation de la force n'est lui-même qu'une hypothèse et
nous avons le droit de préférer à cette hypothèse celle de la
liberté. — De plus on peut admettre que la liberté a pour
limite les lois du monde et que les changements qu'elle apporte
dans le monde ne vont pas jusqu'à en troubler l'ordre.

Donc aucun des arguments contre la liberté n'est décisif.
Examinons maintenant les preuves en faveur de la liberté.

II. — *Examen des théories qui admettent le libre arbitre.*

Preuve directe de la liberté, tirée « du sentiment vif
interne » (expression de Leibniz) : Je me sens libre, donc je le suis.

Mais il faudrait prouver que le sentiment de la liberté n'est
pas une illusion. En fait la liberté n'est pas un fait d'expérience; on ne saurait en avoir conscience; on constate les
effets de la liberté, non la liberté elle-même. Avoir conscience
de la liberté serait avoir conscience des actes à venir; or la
conscience n'est pas *prophétique*. Mais on pourrait dire qu'on
a conscience du *pouvoir actuel* de produire un acte, avant que
cet acte soit produit. Soit ! Mais alors il faudrait prouver que
ce pouvoir lui-même est réel.

Preuve indirecte. — La vérité est que la liberté n'est pas
un *fait d'expérience*, mais une *croyance*. On ne sent pas, on
ne sait pas qu'on est libre, mais on peut *croire* qu'on l'est, et
cela pour des raisons morales, la liberté apparaissant comme
la condition du *devoir*, de la *responsabilité*, etc.

Toutefois il ne suffit pas qu'on ait besoin de la liberté pour être en droit de l'admettre, il faut encore que la croyance à la liberté soit fondée ou du moins ne soit pas contradictoire et illogique. En fait la liberté n'est pas incompatible avec la raison.

Théodicée.

La théodicée traite : 1° de l'existence de Dieu, 2° de sa nature et de ses attributs, 3° de ses rapports avec le monde.

I. — EXISTENCE DE DIEU

Deux preuves : *métaphysiques, morales.*

A. — PREUVES MÉTAPHYSIQUES

1° **Cosmologique**, ou tirée de l'*existence* du monde (*a contingentia mundi*). On l'appelle encore preuve par les causes efficientes.

Le monde existe, mais pourrait ne pas exister et n'existe pas par lui-même; il suppose une cause et a pour cause un être qui existe par lui-même ou *être nécessaire (ens necessarium)*, qui est Dieu.

Critique de Kant. Le principe de causalité est une loi de notre esprit, sans aucune valeur, quand elle s'applique en dehors de l'expérience.

2° **Physico-théologique**, tirée de l'*ordre* du monde. On l'appelle encore preuve par les causes finales.

Tout ordre suppose une intelligence qui l'a conçu et voulu. Or le monde est ordonné.

Donc le monde a une cause intelligente, qui est Dieu.

Critique : 1° *de la majeure.* — Tout ordre n'est pas nécessairement une *fin* poursuivie; l'ordre peut être un simple *effet* de causes mécaniques.

2° *de la mineure* : L'ordre du monde est contesté. Il est en tout cas très imparfait ; la nature a ses désordres (cataclysmes, monstres, crimes).

3° *de la conclusion* — A supposer que le monde ait une cause intelligente, cette cause n'est pas nécessairement *divine*, c'est-à-dire *parfaite*.

3° **Ontologique**, tirée de l'*idée* d'Être parfait.

Par cela seul que Dieu est conçu, il faut qu'il soit. En effet, il est conçu comme l'être parfait. S'il n'existait pas, il lui manquerait une perfection, à savoir l'existence. L'idée de Dieu implique donc son existence.

Cette preuve est un sophisme. Une idée reste une idée, ne saurait se convertir en être. Autre chose est *poser* Dieu, autre chose est prouver qu'il existe. Donc aucune preuve métaphysique n'est rigoureusement valable.

B. — PREUVES MORALES

S'ensuit-il que Dieu n'existe pas ? Non. Si on ne peut *prouver* son existence, on peut *croire* et avoir des raisons de *croire* qu'il existe. Ces raisons de croire constituent ce qu'on appelle les *preuves morales*, dont le principe est tiré de la nécessité d'une sanction.

II. — NATURE ET ATTRIBUTS DE DIEU

Méthode pour déterminer les attributs de Dieu : 1° retrancher de l'idée de Dieu toutes les imperfections que nous remarquons en nous (*via eliminationis*) ; 2° attribuer à Dieu toutes les perfections que nous observons en nous, en les élevant à l'absolu (*via eminentiæ*).

Deux sortes d'attributs de Dieu : 1° **métaphysiques** (unité, éternité, etc.) ; 2° **moraux** (sagesse, bonté, etc.).

III. — RAPPORTS DE DIEU AVEC LE MONDE

Dieu est : 1° le Créateur, 2° la Providence du monde.

1° Création. — La théorie de la création s'oppose à celle de l'émanation ou du panthéisme. Dans la théorie de Spinoza (panthéisme), le monde sort de Dieu, ne fait qu'un avec lui : Dieu est le monde enveloppé, le monde est Dieu développé. *Deus, mundus implicitus ; mundus, Deus explicitus.* Dans la théorie de la création, Dieu est distinct du monde; il a tiré le monde du néant.

2° Providence. — Dieu n'a pas seulement créé le monde; il le dirige et le conduit avec sagesse et bonté. D'où il suit que le monde est bon, voire le meilleur possible (optimisme).
Objections contre la Providence, tirées de l'existence du mal.

TROIS SORTES DE MAL

1° métaphysique : l'*imperfection* résultant du fait d'être créé. Ce mal, principe de tous les autres, est inévitable; mais il n'est pas proprement un mal; il n'est qu'un moindre bien; c'est un mal *négatif* (*Malum habet causam deficientem, non efficientem*).

2° physique : désordres de la nature, souffrance infligée aux êtres vivants. Ce mal est bien réel et non purement négatif; mais on peut trouver qu'il a sa raison d'être dans le monde, qu'il se justifie ou s'excuse.

3° moral : le péché. Quant au mal moral, le plus grave de tous, il ne saurait être imputé à Dieu; il est l'effet de la liberté que Dieu a donnée à l'homme, et cette liberté est en elle-même un bien.

RAPPORTS DE LA MÉTAPHYSIQUE ET DE LA SCIENCE

La métaphysique a des rapports avec *toutes les sciences*, puisque : 1° elle s'empare des questions dernières de chaque science, puisqu'elle en discute les principes et en prend pour point de départ les conclusions ; 2° puisqu'elle fait la *critique* de l'esprit humain, et partant de la science.

Elle a des rapports particulièrement étroits avec certaines sciences, comme la *morale*, puisque, suivant qu'on adopte ou non telle ou telle théorie métaphysique, comme la liberté ou l'immortalité de l'âme, on est conduit à des conceptions morales différentes ; comme la *logique*, puisque, suivant qu'on adopte telle ou telle théorie métaphysique, on attribue aux spéculations logiques une valeur différente, ex. : le *formalisme* Kantien et le *réalisme* de Mill en logique.

Sur les rapports de la psychologie et de la métaphysique, v. plus haut (objet et méthode de la psychologie).

TABLE

PROGRAMME DE LA CLASSE DE PHILOSOPHIE[1]

1. Nous reproduisons ici, avec renvoi aux pages de notre volume, le programme officiel, y introduisant quelques légers changements, de simples transpositions dans l'ordre des matières, et usant en cela de la liberté que ce programme lui-même entend laisser au professeur.

Métaphysique.

78295. — Imprimerie Lahure, 9, rue de Fleurus, à Paris.